W0315010

Luisa Hartmann

Ziemlich beste Ferien 2

ABENTEUER AUF LANGEOOG

Illustrationen von Sabrina Pohle

Biber & Butzemann

MIX
Paper from
responsible sources
FSC® C126307
FSC
www.fsc.org

Klimaneutral
n/a
ClimatePartner.com/14701-2006-1001

Für Duy Anh

Danksagung:
Mein Dank gilt Mayk Opiolla, Thilo Köpsel und Sandra Klotz, die mir während meines Recherche-Aufenthalts auf Langeoog und auch anschließend wertvolle Tipps gegeben und manches falsche Detail korrigiert haben; Gabi Kratt hat mich mit vielen Informationen zur Polizeiarbeit versorgt und mir damit mühevolle Kleinarbeit erspart. Außerdem danke ich meinen Testlesern und Schreibkompagnons Katrin und Christian, denen zum Glück rechtzeitig einige Logikfehler auffielen. Des Weiteren der 6a der Mittelschule Diedorf, die mich bei der Suche nach dem passenden YouTube-Namen für Marcel unterstützt hat. Last but not least meiner besseren Hälfte für die immerwährende Unterstützung.

Luisa Hartmann

Besuchen Sie uns im Internet unter **www.biber-butzemann.de** oder auf Facebook unter **www.facebook.com/biberundbutzemann**

© Kinderbuchverlag Biber & Butzemann
Geschwister-Scholl-Str. 7
15566 Schöneiche

1. Auflage, Juli 2020

Alle Rechte vorbehalten. Die vollständige oder auszugsweise Speicherung, Vervielfältigung oder Übertragung dieses Werkes, ob elektronisch, mechanisch, durch Fotokopie oder Aufzeichnung, ist ohne vorherige Genehmigung des Verlags urheberrechtlich untersagt.

Ähnlichkeiten mit lebenden Personen sind nicht beabsichtigt und rein zufällig.

Bibliografische Information der Deutschen Bibliothek
Die Deutsche Bibliothek verzeichnet diese Publikation in der Deutschen Nationalbibliografie; detaillierte bibliografische Daten sind im Internet unter http://dnb.ddb.de abrufbar.

Text: Luisa Hartmann
Illustrationen: Sabrina Pohle
Layout und Satz: Mike Hopf
Lektorat: Steffi Bieber-Geske, Juliane Jacobsen
Lektoratsassistenz: Kati Bieber, Martina Bieber, Friederike Rademacher
Korrektorat: Carola Jürchott
Druck- und Bindearbeiten: Poligrafia Janusz Nowak sp. z o.o.
ISBN: 978-3-95916-062-9

Inhalt

Prolog

„Hey Leute, hier ist euer Galaxy267, schön, dass ihr da seid. Ich habe ein neues Galaxy-Spiel entdeckt. Als Fan der Galaxy Guardians musste ich das natürlich ausprobieren!

Aber bevor ich es euch vorstelle, noch eine wichtige Message für euch: Ich bin demnächst wieder auf meiner Lieblingsinsel Langeoog und ich freue mich, zwei meiner treuesten Abonnenten endlich persönlich kennenzulernen. Yeah, das wird ein Spaß!

Leider gibt es auch ein ernstes Thema zu besprechen. Mir ist da etwas zu Ohren gekommen, das ich euch unbedingt erzählen muss. Ich muss nur noch eine Kleinigkeit überprüfen, das kann ich aber nur auf der Insel machen. Also, stay tuned! Und immer schön sauber bleiben, ihr wisst ja – wir haben nur diese eine Erde!

Okay, Leute, es geht los. Galaxy, ich komme …“

1.

Alles so schön bunt hier

„Ich will in den grünen“, rief Viola und hüpfte voran.

Nicht nur Lukas war überrascht von ihrer Wahl. „Ihre Pinkphase scheint endlich vorüber zu sein“, bemerkte Violas Vater Richard und grinste. Lukas’ Mutter Kirsten – Richards frischgebackene Ehefrau und Violas Bonus-Mama – lächelte zurück.

Lukas sah sich erst einmal um. Die Überfahrt von Bensersiel nach Langeoog hatte etwas kürzer gedauert als die nach Spiekeroog im letzten Sommer. Und noch einen Unterschied gab es: Während man auf Spiekeroog bereits vom Schiff aus das Dorf sah und vom Hafen direkt hinlaufen konnte, transportierte auf Langeoog eine Bahn mit bunten Waggons die Ankömmlinge und deren Gepäck in den Ort.

Das Wetter war allerdings genauso mies wie bei der Ankunft auf der Nachbarinsel. Eine fette graue Wolkenschicht hing über Langeoog und ließ feinsten Nieselregen auf sie herabrieseln. Lukas zog den Anorak enger um seinen Körper und die Kapuze tiefer ins Gesicht.

„Kommt ihr endlich?“ Viola ließ sich wie üblich von schlechtem Wetter nicht die Laune vermiesen. Sie hopste aufgeregt auf der kleinen Plattform des grünen Waggons herum und winkte ihnen zu.

„Na los, Lukas, die Bahn fährt in Kürze.“ Violas Opa Frank gab ihm einen leichten Klaps auf die Schulter.

Als Richard bei einem Familientreffen erwähnt hatte, dass sie die Ferien auf Langeoog verbringen würden, hatte Oma Beate gerufen: „Da muss ich mit! Dort liegt doch Lale Andersen." Daher waren sie jetzt als Patchwork-Großfamilie unterwegs.

Lukas hatte keine Ahnung, wer oder was Lale Andersen war, aber es war ihm auch egal.

Er schulterte seinen Rucksack und folgte den anderen in den grünen Waggon, wo Viola ihre Plätze wie eine kleine Löwin verteidigte. Endlich waren alle damit zufrieden, wie sie saßen, kurz darauf pfiff die Lok schrill, und der Zug fuhr los. In gemütlichem Tempo zuckelten sie über die Insel. Lukas kam aus dem Staunen nicht mehr heraus. Hatte Richard nicht doziert, dass Langeoog ungefähr genauso groß sei wie Spiekeroog?

Hier sah alles viel weiter und größer aus. Lukas beschloss, das zu recherchieren, sobald er WLAN hatte.

„Schaut mal, ein Flugplatz!", rief Viola aufgeregt.

„Der Spielplatz davor ist aber auch nicht schlecht", gab Opa Frank zu bedenken. „Da könnten wir mal hingehen."

„Der ist doch nur für Babys", sagte Viola verächtlich und drückte sich bei dem Versuch, einem soeben startenden Flugzeug nachzuschauen, die Nase am Fenster platt.

Lukas fand, die Fahrt war viel zu schnell vorbei. Neugierig stieg er am Bahnhof aus. Während die Erwachsenen auf die – ebenfalls bunten –

Container warteten, in denen das Gepäck verstaut war, entdeckte er eine zirka sechs Meter lange, überdachte Kutsche.
Die beiden Pferde davor warteten geduldig darauf, dass es endlich losging. „An- und Abreise, Rundfahrten, Meiereifahrten“ stand auf der Seite der Kutsche sowie Name und Telefonnummer des Unternehmens.
‚Das wäre was für Viola‘, dachte Lukas, unterließ es aber, sie darauf aufmerksam zu machen, denn sie würde so lange quengeln, bis sie ihre Kutschfahrt bekäme. Er würde nämlich in wenigen Minuten seinen Freund Onno wiedersehen, und da durfte keinesfalls etwas dazwischenkommen.
Kurz darauf war das Gepäck ausgeladen, seine Mutter schob ihm seinen Koffer hin und sagte: „Den Rest der Strecke laufen wir. Unser Hotel liegt am anderen Ende des Ortes.“
Richard und Opa Frank liefen voran, Kirsten und Oma Beate dahinter, er folgte. Viola, die als Einzige keinen eigenen Koffer hatte, hüpfte zwischen ihnen hin und her und löcherte ihren Vater mit Fragen.
„Warum hat man dann Straßen gebaut, wenn es keine Autos gibt?“
„Weil die Straßen nicht für Autos, sondern für Fahrräder gedacht sind“, erwiderte Richard geduldig. „Langeoog ist eine Fahrradinsel. Wir werden uns auch Räder ausleihen und ein paar Touren machen.“
„Au ja“, schrie Viola und wäre beinahe mit einem Radler zusammengestoßen, der aus einer Seitenstraße geflitzt kam.
„Fußgänger gehören nicht auf die Straße“, rief der junge Mann und deutete auf den schmalen Streifen am Rand, der ein Stück weiter zu einem engen Gehsteig wurde.
„Blödmann“, murmelte Viola so laut, dass Lukas es hören konnte.

„Bleib mal besser hier", mahnte er. „Wenn auf dieser Insel alle so wild fahren, ist das sicherer." Sie schafften es ohne weitere Zwischenfälle zum Hotel, das malerisch auf einer kleinen Erhebung stand.

Ein Mann in Richards Alter öffnete die Tür und winkte die Familie zu sich.

„Willkommen auf Langeoog", sagte er und sammelte die Koffer ein. „Ich hoffe, Sie hatten eine gute Anreise." Er lächelte freundlich.

Das musste Onnos Onkel sein, die Ähnlichkeit der beiden war nicht zu übersehen. Er hielt ihnen die Tür auf und hieß sie erneut willkommen.

„Ich bin Bent, Onnos Onkel", bestätigte er Lukas' unausgesprochene Vermutung. „Du bist sicher Lukas. Onno freut sich schon sehr auf dich."

Sie standen in einem langen, lichtdurchfluteten Raum. Gegenüber der Eingangstür befand sich ein großer Schreibtisch, der als Rezeption diente. Vor den raumhohen Fenstern befanden sich gemütlich aussehende Sessel, von denen aus man einen schönen Blick auf das Dorf hatte.

Im hinteren Teil erstreckte sich eine lange Theke als Raumteiler: Die verschieden großen Tische waren bereits für das Frühstück gedeckt. Hinter der Theke entdeckte Lukas Schränke mit Geschirr, diversen Behältnissen und Flaschen, außerdem eine riesige Kaffeemaschine sowie ein silbernes Gefäß, in dem man Wasser für Tee heißmachte. Er hatte den Namen dafür vergessen. Über der Theke hing etwas Wuchtiges in der Luft; als Lukas seine Position etwas veränderte, sah er, dass es sich um einen aus Holz geschnitzten Wal handelte, der mit Nylonfäden an der Decke befestigt war.

Lukas wollte gerade erwidern, dass er sich auch freute, und fragen, wo Onno steckte, als sich hinter dem Schreibtisch eine Tür öffnete und ein weiterer Mann den Raum betrat. Er war älter als Bent und mindestens einen Kopf kleiner. Er stutzte kurz, als er die Neuankömmlinge sah, sagte freundlich „Moin“ und flüsterte Bent etwas ins Ohr.

„Eine Sekunde bitte“, sagte der daraufhin zu seinen neuen Gästen und wandte sich dem Mann zu. Sie sprachen leise miteinander, schließlich nickte der Kleine und verschwand wieder durch die Tür. Bent drehte sich zu ihnen um und bat um Entschuldigung. „Das war Peter, wir führen das Hotel gemeinsam. Wir haben gerade ein kleines Problem, aber nichts, was euch bei eurem Aufenthalt stören wird.“

Ungeduldig sah Lukas zu, wie die Erwachsenen begannen, die Formalitäten zu erledigen. „Ist Onno schon da?“, fragte er.

Bent schlug sich an die Stirn. „Ja, natürlich, tut mir leid. Ich bin mit meinen Gedanken gerade ganz woanders.“ Er klappte den Laptop, in den er etwas getippt hatte, zu, und sagte: „Ich zeige euch erst einmal eure Zimmer. Den Rest können wir später erledigen.“

Er holte Schlüssel aus einem Wandschrank und bat sie, ihm zu folgen. „Lasst das Gepäck stehen, das bringt Viktor in die Zimmer.“

Violas Großeltern bekamen ein Zimmer im ersten Stock, Richard und Kirsten eines im zweiten. „Die junge Dame“, sagte Bent zu Viola, was sie zum Kichern brachte, „hat ihr eigenes Zimmer, direkt neben dem der Eltern.“ Zu Lukas gewandt, fuhr er fort: „Und du, junger Mann, schläfst quasi unter dem Himmel.“ Er deutete auf eine kurze, gewundene Treppe. Lukas schaute nach oben und entdeckte eine offene Luke, an die eine Art Leiter gelehnt war.

„Hinauf mit dir, du wirst erwartet“, sagte Bent und gab ihm einen kleinen Schubs.

Misstrauisch betrat Lukas die Treppe, zögerte bei der Leiter, sah, dass seine Mutter zustimmend nickte, und kletterte hinauf. Das erste, was er sah, war ein blonder Schopf, bedeckt mit einer roten Baseballkappe.

„Na endlich!", stöhnte Onno theatralisch. „Ich dachte schon, du kommst nie!"

Nach der Begrüßung, die zunächst männlich-kühl ausfiel, dann aber doch mit einer herzlichen Umarmung endete, zeigte Onno Lukas ihr Reich für die nächsten zwei Wochen. Es bestand aus einem großen Raum direkt unter dem Dach. Unter einem der schrägen Fenster war ein riesiges Matratzenlager aufgebaut, auf dem locker fünf oder sechs Kinder Platz gehabt hätten.

„Nachts können wir die Sterne sehen", sagte Onno und zeigte auf das Fenster. „Da drüben ist das Bad, deine Klamotten kannst du dort reinlegen." Er deutete auf eine riesige Seemannstruhe.

Lukas hatte Mühe, den Deckel hochzustemmen. „Ob da drin mal ein Schatz aufbewahrt wurde?"

„Vermutlich waren es nur langweilige Taue", erwiderte Onno. „Aber der Raum ist schon klasse, oder? Bent ist wirklich ein toller Typ. So gar nicht onkelhaft."

Lukas zögerte. „Kann ich dich was fragen?"

„Klar."

„Sind Bent und Peter ..." Er stockte, weil er nicht wusste, wie er sich ausdrücken sollte.

„Ein Paar?", erwiderte Onno.

Lukas nickte.

„Sind sie. Sie sind sogar verheiratet." Onno klang stolz, beäugte ihn aber misstrauisch. „Du hast doch kein Problem damit, oder?"

„Nein, natürlich nicht“, versicherte Lukas. „Ich will nur nichts Falsches sagen.“
Onno nickte zufrieden. „Es ist nicht leicht für die beiden hier auf der Insel. Aber Bent schert sich nicht um die Meinung anderer. Und – was ist mit deiner neuen Familie?“
„Besser als befürchtet“, gestand Lukas. „Richard ist und bleibt natürlich ein Lehrer, aber ich lerne auch viel von ihm. Das Komische ist, dass mein Vater und er sich gut verstehen.“
„Ist dein Vater immer noch auf Ibiza?“
Lukas nickte. „Er ist jetzt auch DJ.“ Er grinste stolz. „Das macht er echt cool, auch wenn die Musik so gar nicht meins ist.“
„Und wer sind die älteren Leute, die mit euch gekommen sind?“, wollte Onno wissen.
„Das sind Richards Eltern, also Violas Großeltern, Frank und Beate. Ich habe seit Mamas Hochzeit nicht nur einen Bonusvater, sondern auch Bonusgroßeltern bekommen. Sie sind ziemlich locker drauf.“
„Lukas, Onno!“, rief Richard von unten. „Wir gehen zum Strand, kommt ihr mit?“
„Sollen wir?“, fragte Lukas den Freund.
Der nickte. „Auf jeden Fall.“
Der Regen hatte aufgehört, hier und da blitzte schon ein Stückchen blauer Himmel zwischen den grauen Wolken hervor. „Morgen wird es schön“, prophezeite Onno fachmännisch.
Lukas fragte ihn, ob er inzwischen etwas von Galaxy267 gehört habe. Hinter diesem Namen verbarg sich einer der derzeit angesagtesten YouTuber und Umweltaktivisten. Mit richtigem Namen hieß er Marcel

und war eigentlich der Hauptgrund, warum die Familie die Ferien auf Langeoog verbrachte: Lukas und Onno hatten ein Meet & Greet mit ihm gewonnen.
Onno schüttelte den Kopf. „Ich vermute, er hat viel um die Ohren.“
Lukas wollte etwas erwidern, doch in diesem Moment erreichten sie die Dünenkante und erblickten den Strand und die Nordsee. Wie um sie zu begrüßen, trat ein Sonnenstrahl durch eine Wolkenlücke und tauchte das Meer in silbernes Licht.
„Wow“, riefen Frank, Beate und Lukas gleichzeitig, während Viola in die Luft sprang und laut juchzte.
„Das ist ja fast wie auf Spiekeroog“, sagte Lukas grinsend und gab Onno einen leichten Schubs.
„Aber nur fast“, gab Onno gutmütig zurück. In seinen Augen war es nirgends schöner als auf seiner Heimatinsel, auf der er und Lukas sich im letzten Sommer kennengelernt hatten und Freunde geworden waren.
„Guckt mal, lauter bunte Strandkörbe“, rief Viola und hüpfte den Holzsteg entlang zum Strand. Als sie entdeckte, dass die Strandabschnitte nicht nur mit Buchstaben, sondern auch mit Tiersymbolen gekennzeichnet waren, kannte ihre Freude keine Grenze mehr.
„Ich will einen Strandkorb im Abschnitt Seehund“, krähte sie solange, bis Richard zustimmte und zu dem Häuschen lief, in dem die Strandkörbe vermietet wurden.
Lukas und Onno zogen Schuhe und Strümpfe aus, liefen zum Wasser und ließen sich die nackten Füße vom Wasser umspülen.
„Das werden sicher schöne Ferien“, sagte Onno.
„Hoffentlich ohne die Aufregung vom letzten Mal“, gab Lukas zurück.

2.

Gegenwind im Osten

Wie von Onno vorhergesagt, schien am nächsten Morgen die Sonne von einem strahlend blauen Himmel herab. „Das Wetter wäre deal, um zum Ostende zu fahren“, schlug Opa Frank beim Frühstück vor.

Sie saßen gemeinsam um einen großen Tisch und genossen die Köstlichkeiten vom Buffet. Karolina, Viktors Frau, kam immer wieder vorbei, um leere Teller und Abfälle wegzuräumen und zu fragen, ob alles in Ordnung sei. Bent hatte die beiden als seine guten Hausgeister vorgestellt.

„Zum Strand wäre viel schöner“, widersprach Viola und zog für alle Fälle schon mal einen Flunsch.

„Für den Strand ist es zu kalt“, erklärte Onno. „Morgen wäre das besser. Es macht einfach mehr Spaß, wenn es warm ist.“

Viola wollte sich nicht so schnell überzeugen lassen, aber Bent bestätigte Onnos Aussage. „Ihr seid genau richtig gekommen. Die letzten Tage war es ziemlich ungemütlich hier, aber jetzt wird es jeden Tag wärmer.“

Ihr sonniges Gemüt ließ Viola nicht lange schmollen. Als sie beim Fahrradverleih ein knallrotes Elektro-Rad bekam, war ihre Welt wieder vollkommen in Ordnung.

Auch die Erwachsenen suchten sich E-Bikes aus, was Onno und Lukas mit einem verächtlichen Schnauben quittierten.

Das war doch nur etwas für Weicheier! Zum Ostende der Insel waren es nur neun Kilometer, also hin und zurück nicht einmal zwanzig, ein Klacks für die Jungs. Vor allem, weil das Tempo dank Viola sehr gemütlich sein würde.

„Mal sehen, wer am Ende lacht", sagte Opa Frank schmunzelnd.

Kaum hatten sie das Dorf hinter sich gelassen, entdeckten sie zur Rechten eine Weide.

„Das sind aber komische Schafe", sagte Viola. „Die haben ja ganz lange Hälse."

„Das sind keine Schafe, die gibt es nicht auf Langeoog", klärte Onno sie auf. „Das sind Alpakas. Sie sind den Sommer über hier. Der Züchter hofft, dass sie durch die gute Luft und das besondere Gras bessere Wolle liefern."

Viola schwankte zwischen Trauer darüber, dass es kein einziges Schaf auf Langeoog gab, und der von den Alpakas ausgehenden Faszination. „Kann man sie streicheln?", fragte sie.

Onno zuckte mit den Schultern. „Ich frage mal meinen Onkel, der weiß sicher, wer sie betreut." Schließlich konnte Viola sich losreißen, und die Fahrt ging weiter.

Die nächste Attraktion war das Vogelwärterhaus, aber Richard beschloss, dass sie es auf dem Rückweg besuchen würden.

„Ihr werdet froh sein, wenn es dann eine Pause gibt", sagte er.

Auch die Meierei ließen sie links – oder vielmehr rechts – liegen.

Nach einer kurzen Fahrt durch bunt blühende Salzwiesen kamen sie an ihrem Ziel an. Dutzende Räder, die entlang eines Zauns abgestellt waren zeigten ihnen, dass sie nicht allein unterwegs zum östlichen Ende der Insel waren. „Das letzte Stück müssen wir zu Fuß gehen", sagte Richard der sich wie immer akribisch vorbereitet hatte.

Auf feinem Sand ging es an Dünen entlang weiter Richtung Osten. In der Ferne sahen sie das Festland, wo sich Windräder drehten. Am blauen Himmel hingen ein paar buschige Wolken, das Meer glitzerte silbern. Am Rand der Salzwiesen hatte sich ein riesiger Schwarm Silbermöwen niedergelassen. Ihre hellen Körper leuchteten im Sonnenlicht.

„Da vorne ist ein Schiff", rief Viola.

„Das dürfte die Fähre nach Spiekeroog sein", sagte Richard. Er schaute durch das Fernglas, das er mitgebracht hatte, und nickte. „Die Inseln liegen ziemlich dicht beieinander. Ich schätze, wir werden Spiekeroog gleich sehen."

„Gibt's hier auch Seehunde?", wollte Viola wissen.

„Aber natürlich", erwiderte ihr Vater. „Und du kennst sie sogar schon." Er lachte, als er Violas fragenden Blick sah. „Warte ab."

Zunächst kreuzte ein Priel ihren Weg, aber zu Lukas' großer Erleichterung führte ein breiter Holzsteg darüber. Mit Schaudern erinnerte er sich an seine Dummheit, als er auf Spiekeroog ins Watt gelaufen war, um sein Handy zu suchen. Dabei wäre er fast in einem volllaufenden Priel ertrunken. Zum Glück hatte Richard ihn gerettet.

Onno schien sich auch daran zu erinnern. „Idiotensicher', sagte er, zeigte auf den Steg und grinste breit.

„Ja, ja", gab Lukas zurück.

Ein schmaler Weg führte zum Ende der Insel, wo eine kleine Holzhütte stand. Ein Schild hieß sie im *Nationalpark Wattenmeer* willkommen.
„Wo sind jetzt die Seehunde?“
„Dort.“ Richard zeigte nach draußen, aber alles, was man sah, war Salzwiese, Strand und Meer. Obwohl ...
„Die schwarzen Punkte?“, fragte Lukas.
Richard nickte und reichte Viola das Fernglas. Geduldig erklärte er ihr, wie sie es scharfstellen musste, und dirigierte sie sanft in die richtige Richtung.
„Oooooh“, rief sie, als sie die geliebten Tiere entdeckte.
„Und – erkennst du sie wieder?“, fragte Lukas.
„Du bist blöd“, erwiderte sie gutmütig, wandte den Blick aber nicht ab.
„Da drüben ist Spiekeroog“, sagte Onno und zeigte auf einen schmalen Streifen, der hinter den Seehundsbänken im Dunst waberte. „Dort kannst du den alten Anleger sehen. Bevor der Hafen eröffnet wurde, gab es auch eine Inselbahn, wie hier auf Langeoog.“
„Die Inseln haben bestimmt viele Gemeinsamkeiten“, sagte Lukas.
„Ja und nein“, erwiderte Onno. „Auf Spiekeroog ist vieles strenger geregelt. Und einen Flughafen haben wir auch nicht.“
„Jede Insel hat eben ihre Vorzüge“, sagte Lukas diplomatisch.
Onno grinste.
Viola verabschiedete sich schweren Herzens von den Seehunden, weil die Erwachsenen das Fernglas ebenfalls nutzen wollten. Aber Sekunden später entdeckte sie in der Holzhütte ein Schwalbennest und sah staunend zu, wie die Eltern hin- und herflogen, um ihren Kindern Futter zu bringen. „Wahnsinn“, flüsterte sie ehrfürchtig und funkelte jeden wütend

an, der es wagte, ein lautes Wort zu sprechen. Die Schwalben schien es jedoch nicht zu stören, sie waren Menschen gewöhnt.

Schließlich gelang es Oma Beate, Viola loszueisen, und sie machten sich auf den Rückweg zu den Rädern. Lukas wunderte sich, warum das Fahren plötzlich so anstrengend war. Nach der kurzen Strecke zurück zur Meierei war er vollkommen erledigt.

„Tja, hättest du mal ein E-Bike genommen", feixte Opa Frank. „Wir haben jetzt ständig Gegenwind."

„Puh", stöhnte Lukas.

Viola hatte inzwischen im Garten der Gaststätte eine Figur entdeckt, die mit dem Finger in der Nase bohrte.

„Stell dich mal daneben", forderte Lukas sie auf.

Sie gehorchte, steckte ebenfalls den Finger in die Nase und kicherte, als Lukas mit dem Handy ein Foto schoss.

Sie fanden einen Tisch im Garten und bestellten Dickmilch mit Sanddorn, eine Spezialität der Meierei. Richard erklärte, dass die Meierei früher Landwirtschaft betrieben hatte und das Inselhospiz mit frischen Nahrungsmitteln wie Milch, Butter und Eiern versorgte. „Sie haben aber auch schon immer Leute bewirtet."

Nach einer knappen Stunde fühlten sich alle ausreichend gestärkt, stiegen auf ihre Räder und fuhren zum Vogelwärterhaus.

Auch hier war Lukas dankbar für die Pause. So anstrengend hatte er sich die Rückfahrt nicht vorgestellt.

„Du bist eben doch ein verweichlichtes Stadtkind", war Onnos spöttischer Kommentar, als Lukas sich bei seinem Freund darüber beschwerte.
Aber Lukas sah mit Schadenfreude, dass auch Onno erschöpft wirkte. Von wegen Stadtkind!
Im Vogelwärterhaus zeigte eine Ausstellung die Geschichte der Silbermöwe auf Langeoog. Unter anderem lernten sie, dass die Insulaner bereits im Jahr 1875 mit dem Seevogelschutz begonnen hatten.
Im Gegensatz zu Viola interessierten sich Onno und Lukas nur bedingt für Vögel. Sie bekamen die Erlaubnis, allein weiterzufahren.
„Um sechs seid ihr im Hotel, verstanden?", sagte Lukas' Mutter.
Sie versprachen es, strampelten sich die restlichen Kilometer ab und erreichten schließlich erschöpft den Dorfrand.
„Ich finde, wir haben uns ein Eis verdient", sagte Lukas.
Sie fuhren deshalb weiter in den Ort, stiegen in der Fußgängerzone brav ab und stellten die Fahrräder ab.
„Gibt's hier auch einen Polizisten, der Radler aufschreibt?", wollte Lukas wissen.
„Ich glaube schon", sagte Onno. „Aber es ist eine Polizistin."
Sie schlenderten die Barkhausenstraße entlang und entschieden sich für die Eisdiele, die am Ende der Straße lag, dort, wo sie in die Hauptstraße mündete. „Langeoog wirkt viel größer als Spiekeroog", sagte Lukas.
„Ich glaube, das liegt daran, dass man hier fast alles mit dem Fahrrad erreichen kann", antwortete der Freund. „Da wirkt alles weiter weg. Denk mal an den Strand auf Spiekeroog. Der ist auch ganz schön lang."
Während sie ihr Eis aßen, beobachteten sie eine Entenfamilie mit sieben jungen Küken. Die Entenmutter schien genau zu wissen, welche

Attraktion sie bildeten, denn sie blieb mitten auf der Kreuzung stehen und wartete geduldig, bis alle Fotos geschossen waren.

„Viola wäre begeistert“, bemerkte Lukas.

„Wir sehen die Enten sicher wieder“, meinte Onno. „Lass uns zum *Wasserturm* gehen, von dort oben hat man einen tollen Blick.“

Lukas schoss für alle Fälle ein paar Fotos für seine Stiefschwester und folgte dann seinem Freund.

„Da steht Lale Andersen“, sagte Onno und zeigte auf eine Bronzefigur, die auf einem Steinpodest an eine Laterne gelehnt stand.

„Wer ist das?“, wollte Lukas wissen.

„Sie war eine Sängerin. Ihr Grab ist hier auf der Insel.“

Onno war über die niedrige Steinmauer gestiegen, die das Podest umgab, und deutete auf ein Schild. „Hier steht, dass sie durch das Lied ‚Lili Marleen‘ berühmt geworden ist.“

„Aha“, erwiderte Lukas. „Sagt mir nichts. Frank und Beate wissen sicher mehr, sie sind nur ihretwegen mitgekommen.“ Er lachte. „Und natürlich auch wegen der guten Luft.“

Sie stiegen den Hügel hinauf, auf dem der *Wasserturm* stand. Leider war der Turm nur vormittags geöffnet.

„Schade“, murmelte Lukas. „Zum Glück haben wir noch zwei Wochen Zeit.“

Doch selbst vom Fuße des Turms konnten sie die Insel gut überblicken. Lukas zeigte Richtung Strand, wo bunte Hütten zu sehen waren.

„Ich finde es schön, dass hier alles so farbig ist“, sagte er.
„Ist Geschmackssache“, brummte Onno, dem seine Heimatinsel natürlich besser gefiel.
Lukas erwiderte nichts. Wenn es um Spiekeroog ging, war mit seinem Freund nicht zu spaßen. Er machte ein paar Fotos für den Rest der Familie, danach liefen sie zu den Fahrrädern zurück und fuhren das kurze Stück zum Hotel.
Während des Abendessens, das sie in einem der zahlreichen Restaurants in der Barkhausenstraße einnahmen, erhielt Onno eine Nachricht, dass ein neues YouTube-Video von Galaxy267 zur Verfügung stand. Während die Erwachsenen auf Violas Drängen hin noch durch den abendlichen Ort schlendern wollten, um möglicherweise die Entenfamilie zu sehen, durften Lukas und Onno zurück ins Hotel. Dort angekommen, schaltete Onno das Tablet ein, das er sich von seinem Onkel geliehen hatte, und startete Marcels YouTube-Kanal.
„Hey Leute, morgen geht's auf die kleine, aber feine Insel Langeoog, wo ich endlich zwei meiner treuesten Fans kennenlernen werde. Hey, Onno und Lukas, falls ihr das seht: Ich freue mich auf euch.“ Marcel winkte in die Kamera. „Natürlich auch auf die anderen. Wer noch kein Ticket hat für meine Show am Mittwoch, sollte sich sputen. Wie ich gehört habe, gibt es nur noch Restkarten. Ich verspreche euch einen spannenden Abend, ich werde nämlich über einen Skandal berichten. Mehr wird noch nicht verraten. Also, stay tuned, wir sehen uns. Ciao, Ciao! “
„Coole Socke“, sagte Lukas bewundernd.
„Was er wohl meint?“, fragte Onno.
„Wir werden warten müssen.“

3.

Eine überraschende Begegnung

Am nächsten Tag ging es zu Violas großer Freude an den Strand. Die ganze Familie war bepackt mit Badeutensilien, Spielsachen und Sonnenschutz. Richard mietete drei Strandkörbe an, die sie im Halbkreis mit Blick aufs Meer aufstellten. Viola überredete Onno und Lukas dazu, mit ihr ins Wasser zu gehen, wo sie sich von den auflaufenden Wellen zurück zum Strand tragen ließen.

Nach einer Stunde ließen sie sich erschöpft in den Strandkorb fallen.

„Wer hätte gedacht, dass Ferien so anstrengend sein können?", japste Lukas.

„Immerhin müssen wir diesmal nicht den halben Strand umbuddeln", antwortet Onno.

„Oh, erinnere mich nicht daran", jammerte Lukas. „Da tun mir gleich wieder die Arme weh." Er sah Onno grinsen und fügte hinzu: „Ja, ja, ich weiß. Ich bin ein verweichlichtes Stadtkind."

Sie dösten eine Weile und genossen die wärmenden Sonnenstrahlen, schlossen sich dann einer Gruppe Gleichaltriger an und spielten Beachvolleyball. Mittags holte Opa Frank belegte Brote vom *Seekrug*, einem Restaurant direkt am Strand mit Blick auf's Meer, danach machten sie einen kleinen Strandspaziergang.

„So ein Tag am Strand ist ganz schön ermüdend", stellte Oma Beate fest, als sie wieder in den Strandkörben saßen. Bei Viola war jedoch kein Anzeichen von Müdigkeit zu sehen. Sie probierte gerade aus, wie weit sie aus dem Stand springen konnte. Ihr fröhliches Lachen war über den gesamten Strand zu hören.

„Ist sie immer so aktiv?“, wollte Onno wissen.

„Meistens“, bestätigte Lukas. „Aber man gewöhnt sich daran.“ Tatsächlich hatte er sich schneller als erwartet an das Zusammenleben mit Richard und Viola gewöhnt. Das lag sicher auch daran, dass er mit seiner Mutter vor einigen Monaten in Richards Haus gezogen war, wo ausreichend Platz für alle war. Violas Zimmer lag im ersten Stock, während er einen großen Raum im Souterrain erhalten hatte, den er komplett nach seinem Geschmack hatte einrichten dürfen. Sogar ein separates Bad nannte er nun sein Eigen.

„Du sollst dich hier wohlfühlen“, hatte Richard gesagt.

Das tat er. Von Viola bekam er selten etwas mit, außer sie tanzte laut singend durch das Haus. Zum Glück kam sie selten in den Keller, denn sie hatte Angst vor den Monstern, die da angeblich wohnten.

Lange hatte er sich gegen den neuen Mann an der Seite seiner Mutter gewehrt. Er hatte verstanden, warum sie sich von seinem Vater getrennt hatte; der war zwar cool, allerdings auch ziemlich verantwortungslos. Aber dass sie einen neuen Mann wollte, konnte er lange nicht verstehen. Er fand, es war ihnen zu zweit sehr gut gegangen.

Während der Ferien auf Spiekeroog, die auch als Test für die künftige Familie gedient hatten, hatte er an Richard eine andere als die nervige Lehrerseite entdeckt. Er war zuverlässig und zur Stelle, wenn man ihn brauchte. Und er wirkte beruhigend auf seine Umgebung. Genau das, was seiner Mutter guttat.

Dass es als Dreingabe auch noch supercoole Großeltern geben würde, war nicht zu erwarten gewesen. Gerade warfen sich die beiden gegenseitig eine Frisbee-Scheibe zu. Während Frank ein ausgezeichneter Werfer war, flog das Frisbee bei Beate überallhin, nur nicht zu ihrem Mann. Der nahm's gelassen und holte sich alle paar Minuten einen Trostkuss ab. Dem Gelächter nach hatten die beiden eine Menge Spaß.

„Lass uns noch mal zum Wasser gehen", schlug Onno vor.

Sie schlüpften in Shorts und T-Shirt, sagten den Eltern Bescheid und liefen zum Meer, das sich wegen der einsetzenden Ebbe immer weiter zurückzog. Unterwegs sammelte Lukas ein paar hübsche Muscheln für Viola.

Eine Weile sahen sie einem kleinen Jungen zu, der um eine Sandburg herum einen tiefen Graben ausgehoben hatte. Nun wollte er diesen Graben fluten, was aber angesichts des ablaufenden Wassers nicht möglich war.

„Du musst das Wasser mit deinem Eimer holen und reingießen", schlug Onno vor.

Der Kleine schaute ihn misstrauisch schräg von unten an. Lukas bestätigte die Aussage des Freundes, woraufhin der Junge lauthals nach seiner Mama schrie. Die kam sofort angelaufen, nahm ihn in den Arm und funkelte Onno und Lukas wütend an. „Was habt ihr getan?"

„Nichts", gab Onno patzig zurück. „Wir wollten ihm nur helfen." Er zog Lukas am T-Shirt weg. „Aber manchen Leuten ist nicht zu helfen", sagte er laut genug, dass die Mutter es hören musste.

„Hättest du eigentlich gerne Geschwister gehabt?", fragte Onno. Er hatte zwei ältere Schwestern und einen kleinen Bruder.

Lukas zuckte mit den Schultern. „Ja und nein. Ich wollte immer einen großen Bruder, aber das war natürlich nicht möglich. Jetzt habe ich eben eine kleine Schwester."

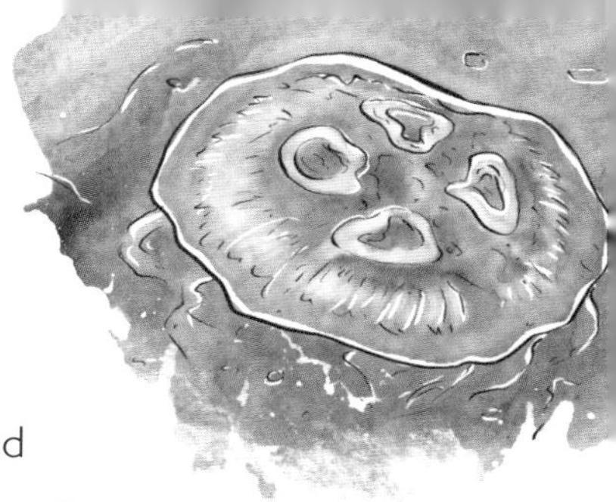

Sie liefen am Strand entlang, schubsten ein paar kleine Krebse, die im Sand lagen, vorsichtig ins Wasser, und überlegten, wie sie das bei einer Qualle bewerkstelligen könnten. Während Onno mit den Händen Wasser holte und das Tier benetzte, suchte Lukas nach einem Brett oder ähnlichem, womit sie die Qualle ins Meer befördern könnten, ohne sie zu verletzen. Er wollte schon aufgeben, als er etwas Buntes aus dem Sand herauslugen sah. Es war ein Stück Stoff, nur ein Fetzen, aber groß genug, um die Qualle daraufzulegen.

Schnell rannte er zu Onno zurück. Vorsichtig legten sie den Stoff auf das Tier und rollten es behutsam zur Seite. Onno nahm es samt Fetzen und viel Sand in die Hand und trug es zum Wasser, wo er die Qualle hineingleiten ließ.

„Du musst jetzt noch ‚Tschüss, Qualle!‘ rufen“, witzelte Lukas.

„Ich bin doch nicht Viola“, erwiderte Onno gespielt empört.

Sie schauten, ob die Qualle noch genug Leben in sich hatte, um ins Meer zurückzuschwimmen, aber von der übernächsten Welle wurde sie zurück an den Strand gespült, wo sie liegen blieb.

„Manchen Tieren ist nicht zu helfen“, sagte Onno gleichmütig und lief weiter.

Obwohl Lukas Quallen nicht besonders mochte, weil einige von ihnen höllisch wehtun konnten, wenn man mit ihnen in Berührung kam, tat ihm das Tier leid. Er fragte sich, ob Onno so abgebrüht war, weil er durch seinen Vater, der Fischer war, täglich mit toten Tieren zu tun hatte.

„Hey, seid ihr nicht Onno und Lukas?“, rief plötzlich jemand.

Da sie gegen die Sonne schauten, sah Lukas nur einen langgewachsenen Schemen, gefolgt von einem kleineren, auf sie zukommen. Onno schien entweder besser zu sehen oder schneller zu kapieren, wer vor ihnen stand.

„Galaxy, ähm, Marcel?“, rief er.

„Klar, wer sonst?“, lachte der junge Mann und baute sich vor ihnen auf. Lukas erkannte Marcels berühmte gelbe Baseballkappe, die seit Langem sein Markenzeichen war.

„Ist ja cool, dass wir uns hier treffen.“ Er schaute sie beide kurz an, reichte dann Onno die Hand und sagte: „Du bist Onno, dich erkenne ich an deinem roten Basecap. Und du bist Lukas.“ Er schüttelte auch Lukas’

Hand. Dann deutete er hinter sich, wo ein Mädchen in ihrem Alter stand. „Das ist meine Cousine Rieke."

„Hi", sagte sie und hob lässig die Hand. Sie hatte lange rote Haare, die in zwei geflochtenen Zöpfen über ihre Schultern hingen, und Millionen von Sommersprossen im Gesicht.

Lukas und Onno sagten ebenfalls „Hi."

„Ich wohne hier bei meiner Tante", erklärte Marcel. „Besser geht's nicht. Allerdings muss ich mich mit dieser Göre auseinandersetzen." Er deutete auf Rieke und lachte. Sie verzog das Gesicht, als habe sie den Witz schon tausendmal gehört. Marcel zog sie zu sich und umarmte sie, was sie widerwillig geschehen ließ.

„Und was treibt ihr so?", wandte er sich wieder an die Jungs.

Lukas erklärte, dass sie am Meer entlanggelaufen waren und gerade versucht hatten, eine Qualle zu retten.

„Das finde ich klasse", rief Marcel. „Umweltschutz beginnt im Kleinen."

Onno war das offensichtlich peinlich, denn er sagte: „Wir sollten langsam mal zurückgehen. Deine Eltern warten sicher schon."

„Was dagegen, wenn ich mitkomme?", fragte Marcel. „Ich muss ihnen unbedingt sagen, was für coole Kids sie haben, für den Fall, dass sie es nicht wissen." Er lachte erneut.

„Klar!" Onno lief los, Marcel neben sich. Lukas folgte ihnen, drehte sich nach Rieke um, die zu zögern schien. „Kommst du auch mit?", fragte er freundlich.

„Okay", sagte sie gleichgültig und trottete neben ihm her.

Da Onno Marcel wegen des neuen Online-Spiels ausquetschte, fühlte Lukas sich verpflichtet, das Mädchen zu unterhalten.

„Bist du hier geboren?"

„Nee, auf'm Festland."

„Aber du bist auf Langeoog aufgewachsen?", forschte Lukas weiter nach.

„Klar."

Mann, die war ja eine richtige Plaudertasche! Lukas war froh, als sie die Strandkörbe erreicht hatten.

Marcels offene Art kam bei den Erwachsenen gut an. Vor allem Opa Frank schien großen Gefallen an dem jungen Mann zu finden. Sie setzten sich in den Strandkorb und fachsimpelten über Tierschutz im Allgemeinen und den Schutz des Wattenmeers im Besonderen.

Schließlich machte Oma Beate dem Gespräch ein Ende, indem sie an den reservierten Tisch für das Abendessen erinnerte. „Und dieser kleine Dreckspatz muss vorher noch duschen." Sie zog Viola in ihre Arme und knuddelte sie.

Marcel sprang auf und entschuldigte sich, dass er sie aufgehalten habe. Mit dem Versprechen, für seine Show am Mittwochabend Freikarten für die ganze Familie zu hinterlegen, verabschiedete er sich und zog die schweigsame Rieke mit sich.

„Was für ein gut erzogener und netter junger Mann", sagte Beate.

„Muss ich eifersüchtig werden?", scherzte Frank.

Alle lachten, räumten ihre Utensilien zusammen und machten sich auf den Weg zum Hotel.

„Er ist echt cool, oder?", sagte Lukas.

„Allerdings", bestätigte Onno. „Ich freue mich auf den Vortrag."

4.

Wo ist der Star?

Am Dienstagmorgen fuhren Lukas und Onno nach dem Frühstück mit den Rädern zum *Wasserturm*. Sie zeigten ihre LangeoogCards vor, die jeder Gast erwerben musste und damit den Kurbeitrag beglich. Über eine enge Wendeltreppe gelangten sie auf die schmale Aussichtsplattform.

„Wahnsinn!" Lukas war tief beeindruckt. Die Luft war sehr klar, sodass sie gute Sicht hatten und bis hinter die beiden Nachbarinseln sehen konnten – im Westen Baltrum, im Osten Spiekeroog. Richtung Süden führte die Hauptstraße fast schnurgerade zum Bahnhof. Dahinter schlängelte sich ein Zug durch die Landschaft.

„Er sieht aus wie ein bunter Wurm", sagte Lukas.

Um das Lale-Andersen-Denkmal hatte sich eine Menschentraube gebildet, denn jeder wollte mit der Statue fotografiert werden. Oma Beate hatte ihnen erklärt, dass die Sängerin von den Nazis mit einem Auftrittsverbot belegt worden war, nach dem Krieg aber eine zweite Karriere starten konnte. Sie hatte zeitweise auf Langeoog gelebt und war auf ihren Wunsch auch hier begraben worden.

Im Norden lag das Meer. Dank des fast wolkenlosen Himmels leuchtete es an diesem Tag nicht grau-braun, sondern blau. Die wenigen Wolken, die am Himmel schwebten, zauberten dunkle Tupfen auf das Wasser. Da Flut war, donnerten die Wellen gegen den Strand, an dem sich die Urlauber tummelten und sich die Füße umspülen ließen, nach Muscheln suchten oder einfach am Wasser entlang spazieren gingen.

„Lass uns zu den anderen gehen", schlug Lukas vor, nachdem sie die Plattform zweimal umrundet und alles fotografiert hatten.
Sie mussten ein paar Minuten warten, weil ein altes Ehepaar Mühe hatte, die schmalen Stufen der Wendeltreppe zu bewältigen, aber schließlich standen sie wieder unten und liefen zum Strand.
Nach dem Mittagessen, das diesmal aus Bio-Würstchen und selbstgemachtem Kartoffelsalat bestand, schlug Richard vor, den Westteil der Insel zu erkunden. Sie fuhren Richtung Hafen, wo gerade eine Fähre ankam und weitere Urlaubsgäste ausspuckte. Natürlich mussten sie warten, bis der Zug losgefahren und hinter den Bäumen verschwunden war, erst dann erhielten sie von Viola die Erlaubnis weiterzufahren. Der bunte Zug war aber auch wirklich schön anzuschauen.
Über die Störtebeckerstraße gelangten sie zurück zum Inselwäldchen, das sie auf der Fahrt zum Hafen bereits passiert hatten.
„Das sind seltsame Straßen", staunte Onno, als sie über breite Betonplatten rumpelten. „So etwas gibt es auf Spiekeroog nicht."
Natürlich konnte Richard es erklären. „Die Nazis haben während des Zweiten Weltkriegs auf Langeoog eine Luftwaffenbasis angelegt. Diese Straßen sind ein Überbleibsel aus jener Zeit. Der Flugplatz wurde nach dem Krieg von den Briten zerstört. Die Langeooger haben dann diesen schönen stattlichen Wald angelegt."
„Aber es gibt doch einen Flugplatz", warf Viola ein.
„Den gibt es schon seit 1929, er hat aber mit dem der Nazis nichts zu tun", erwiderte ihr Vater.
„Genug Geschichte", beschloss Opa Frank. „Ich habe gelesen, dass es hier auch Rehe gibt."

Viola wollte natürlich sofort in den Wald hineinlaufen und sie suchen, aber Richard sagte ihr, dass sie vermutlich im dichten Gestrüpp hängenbleiben würde. „Und dann müssten wir dich hierlassen." Er lachte. Viola zog eine Grimasse und fuhr rasch weiter.

Als sie den Wald verließen, zeigte Richard nach links und meinte: „Dort befindet sich die Langeooger Kleingartenanlage."

„Was es hier alles gibt", staunte Onno.

Später am Nachmittag begleiteten die beiden Jungs Viola zur *Spöölstuv*, dem Langeooger Kinderspielhaus. Obwohl sie dafür eigentlich zu alt waren, amüsierten sich Lukas und Onno auf dem Piratenschiff, das vor dem Haus stand, während Viola drinnen schnell Freunde fand. Müde, aber glücklich, kehrten sie zum Abendessen zurück ins Hotel.

„Heute probieren wir dieses neue Fischrestaurant in der Kirchstraße aus", sagte Oma Beate. „*Fisch Fiete* hat erst Anfang der Saison eröffnet, aber schon sehr viele gute Bewertungen bekommen."

Zuvor wollte Richard ihnen aber noch die *Inselkirche* zeigen. „Es ist nur ein kleiner Umweg", versprach er. Am Ende der Barkhausenstraße bogen sie zunächst rechts ab in die Hauptstraße und gelangten über den Rudolf-Eucken-Weg in eine kleine Gasse. Richard deutete auf ein schmuckes, weißes Haus mit einer grünen Tür und grün gestrichenen Fensterrahmen. Vor dem Haus stand eine Bank.

„Das ist das *Seemannshus*", erklärte Richard. „Es heißt so, weil es früher der Familie Seemann gehörte. Seit 1990 gehört es einem Verein und beherbergt das Heimatmuseum. Wir können uns in den nächsten Tagen anschauen, wie die Leute hier früher gelebt haben." Er zeigte auf den Boden, der aus unzähligen Backsteinen bestand. Auf jedem Ziegel waren je zwei Initialen mit einem Herzchen verbunden, darunter stand ein Datum. „Außerdem ist es das Standesamt. Wer hier heiratet, kann so einen Stein verlegen lassen“, sagte Richard.

„Kitschig“, murmelte Onno. Lukas stieß ihn in die Seite und lachte.

Sie gingen weiter zur Mittelstraße und gelangten zur Evangelischen Kirche. Lukas fand sie ziemlich groß für die kleine Insel. Der Innenraum erinnerte ihn an andere Kirchen, die er im Norden gesehen hatte: In einem langgezogenen Bau standen weiß lackierte Holzbänke eng beieinander und gaben dem Raum etwas Heimeliges. Von den Holzbalken an der Decke hingen kunstvoll gestaltete Leuchter, rechts neben dem Altar schwebte das Modell eines Segelschiffs.

„Das Besondere in dieser Kirche ist das Altarbild.“ Richard sprach in gedämpften Ton. „Das sollten wir uns in den nächsten Tagen noch einmal genauer anschauen.“ Er lachte. „Denn ich schätze, ihr habt Hunger, oder?“

Auf dem Weg zum Restaurant, das sich in der Kirchstraße befand, kamen sie noch an einem flacheren Bau vorbei.

„Das ist das so genannte *Beiboot*“, erklärte Richard. „Dort finden Veranstaltungen statt. Gegenüber liegt der *Eine-Welt-Laden*, wo man fair gehandelte Produkte kaufen kann.“

„Langeoog ist schließlich Fairtrade-Insel“, sagte Lukas und war stolz, auch einmal etwas zur Bildung der anderen beitragen zu können.

„Korrekt“, bestätigte Richard. „Aber jetzt geht es erstmal zum Essen.“

„Endlich“, stöhnte Frank, was ihm einen liebevollen Klaps seiner Frau einbrachte. Alle lachten.

Zum Glück hatte Lukas’ Mutter reserviert, denn das kleine Lokal war rappelvoll.

Der Name war Programm: Es gab Fisch in allen Variationen, sogar als Fischstäbchen. „Natürlich alles bio und selbstgemacht", sagte die Bedienung.
Während sie auf das Essen warteten, kam ein dicker Mann am Tisch vorbei. „Schönen guten Abend. Ich bin *Fisch Fiete*, sozusagen, das heißt, ich betreibe dieses Restaurant." Er kicherte. „Ich freue mich, dass Sie hier sind, und hoffe, Sie haben einen angenehmen Abend. Guten Appetit."
„Das ist aber nett", stellte Beate fest.
Lukas fand den Mann, der nun am Nebentisch stand, nicht sehr sympathisch. Aber vielleicht lag das nur an der krummen Nase, die ihm ein verschlagenes Aussehen verlieh. Als er zu Onno schaute, verdrehte der die Augen. Sie grinsten einander zu.
Das Essen wurde serviert, und sie machten sich mit großem Elan darüber her. Doch schnell zogen alle bis auf Viola lange Gesichter. Sie hatte natürlich die Fischstäbchen bestellt und fand, sie schmeckten wie zu Hause.
„Hm, ich weiß nicht", sagte Opa Frank. „Ich verstehe nicht allzu viel vom Kochen, aber das hier scheint mir nicht gerade Haute Cuisine zu sein."
Seine Frau stimmte ihm zu. „Die Soße schmeckt wie frisch aus der Packung", bemängelte sie.
„Was heißt Oot Küsien?", wollte Viola wissen.
„Das ist gesundes Essen, schön zubereitet", erklärte Onno.
„Ob es immer gesund ist, sei mal dahingestellt", korrigierte Kirsten sanft. „Aber die Zubereitung sollte auf hohem Niveau sein."
Lukas hatte einen Fischburger bestellt. Das Brötchen erinnerte an Pappe, die Remoulade hatte einen seltsamen Beigeschmack und der Fisch

war trocken und schmeckte fade. Dieser Burger war nicht einmal einer Fastfood-Kette würdig! Er legte das halb aufgegessene Brötchen zurück auf den Teller.

Die Erwachsenen stocherten ebenfalls lustlos im Essen herum, einzig Viola ließ sich nicht abschrecken und aß ihre Portion auf.

Als die Bedienung den Tisch abräumen wollte, schaute sie bestürzt auf die halbvollen Teller.

„Hat es Ihnen nicht geschmeckt?“, fragte sie.

Oma Beate wollte zu einer kritischen Bemerkung ansetzen, als Richard sagte: „Ich fürchte, wir haben heute Nachmittag zu viel Kuchen gegessen und deshalb nicht so richtig Hunger.“

Die junge Frau nahm die Ausrede wortlos hin, kippte alle Reste auf einen Teller, stapelte die anderen und trug alles weg.

„Warum hast du nichts gesagt?“, zische Beate. „Ich finde, wenn etwas schlecht schmeckt, darf man das auch sagen. Erst recht bei den gesalzenen Preisen hier.“

„Im Prinzip hast du recht“, erwiderte Richard. „Aber ich möchte keinen Streit anfangen. Lass uns anschließend noch ein Eis essen.“

Während er bezahlte, diskutierten Frank, Beate und Kirsten, wie das Lokal zu so vielen guten Beurteilungen kommen konnte. „Viele Leute haben keinen Geschmack mehr“, klagte Beate.

„Vielleicht hatte der Koch heute nur einen schlechten Tag“, versuchte Kirsten eine Verteidigung.

Sie verließen das Restaurant, vor dem sich eine Schlange gebildet hatte.

„Unglaublich, dass die hier alle essen wollen“, sagte Frank.

Lukas hörte laute Stimmen und gleich darauf ein „Psst! Nicht so laut!“ Als

er sich in die Richtung drehte, entdeckte er Fisch Fiete, der mit einem großen, dünnen Mann zusammenstand und heftig diskutierte. Der Dünne hielt ihm ein Handy vor die Nase, das Fiete entrüstet wegschob.
Lukas hätte die Szene gerne weiter beobachtet, denn irgendwie sahen die beiden Männer aus, als führten sie etwas Verbotenes im Schilde, aber seine Mutter rief nach ihm.
Während sie zurück zur Barkhausenstraße schlenderten, erzählte Lukas dem Freund von seiner Beobachtung. „Vermutlich geht es nur um einen nicht bezahlten Lohn oder nicht geleistete Stunden", erwiderte Onno. „Im Gastgewerbe gibt es immer einen Grund für Streit", erklärte er fachmännisch.
In einem Café fanden sie einen freien Tisch und bestellten Kaffee für die Erwachsenen und Eis für die Kinder.
Zurück im Hotel, trafen sie Bent an, der sich um den Verwaltungskram kümmerte. Richard fragte ihn, ob er das neue Lokal kenne.
„Nein, leider hatte ich noch keine Zeit hinzugehen. Außerdem bin ich immer etwas skeptisch, wenn ein neues Restaurant sofort mit Lobeshymnen überschüttet wird."
„Finde ich auch", stimmte Beate zu. „Wenn Sie mich fragen, geht das nicht mit rechten Dingen zu."
Lukas nervte die Diskutiererei über das Essen. Er zog Onno mit sich in ihr Zimmer unter dem Dach. Inzwischen war es fast dunkel, nur im Westen leuchtete ein tiefroter Streifen. Auf dem Dachfirst gegenüber war ein Windrad in Form eines Radfahrers angebracht. Da sich die Räder genau auf Höhe des Horizonts befanden, sah es aus, als würde der Radler darauf entlangfahren.
„Schau mal." Onno deutete nach oben. „Der Polarstern."

Lukas ging in die Hocke, um den hellen Schein am Horizont auszublenden, und sah über sich einen fast schwarzen Himmel mit einzelnen hellen Punkten. „Später können wir sicher die Milchstraße sehen", sagte Onno. „Auf den Inseln gibt es nicht so viel Licht wie auf dem Festland, da sieht man die Sterne besser."

Sie legten sich auf das Matratzenlager und schauten zum Himmel. Ab und zu zeigte Onno nach oben. „Das da ist Kassiopeia. Dort ist der Große Bär." Lukas hatte noch nie so einen Sternenhimmel gesehen und war schwer beeindruckt.

Da sie beide Hunger bekamen, schlich Onno sich nach unten und holte Kekse und Limonade aus der Küche. „Zum Glück kenne ich Peters geheime Verstecke", sagte er grinsend.

Irgendwann schliefen sie ein. Mitten in der Nacht wurde Lukas von lauten Stimmen geweckt. Gebannt lauschte er, aber alles war ruhig. Hatte er vielleicht nur geträumt?

Erst beim Frühstück erfuhr er, dass Viola furchtbare Bauchschmerzen bekommen hatte und jetzt mit einer Wärmflasche und ihren Kuscheltieren im Bett lag.

„Oh weh, die Arme", sagte Onno. „Dann kann sie heute gar nicht an den Strand."

„Wir lassen ihn ihr zuliebe aus", sagte Richard. „Was haltet ihr davon, wenn wir stattdessen einen Spaziergang durch das *Pirolatal* machen?"

Gesagt, getan: Richard, Frank und die beiden Jungs zogen los, während sich Kirsten und Beate um Viola kümmern wollten.

Sie gingen über die *Herrenhusstraße* und den *Norderpad* zur Aussichtsdüne, von der aus sie einen wunderbaren Ausblick hatten.

Zu ihren Füßen lag das *Pirolatal*, eine langgezogene Ebene, umgeben von dicht bewachsenen Dünen. Wie schon auf Spiekeroog waren unzählige Grüntöne zu sehen. In einer umzäunten Senke erwartete sie ein überraschender Anblick: Auf zierlichen Stöcken waren zahlreiche Kästen befestigt. Auf der grünen Wand einer Holzhütte stand mit gelber Schrift *Bienenbelegstelle*.

„Hä?", machte Lukas. „Was ist das denn?"

Onno lachte. „In den Kästen sind Bienenstöcke. Hier werden Bienenköniginnen begattet", sagte er. „Die Züchter bringen ihre Bienen auf die Insel, die hiesigen Männchen befruchten sie."

„Und was bringt das?", wunderte Lukas sich.

„Fleißigere Bienen und damit mehr Honig", erklärte Richard.

Über die Höhenpromenade wanderten sie wieder zum Ort und von dort aus zurück zum Hotel, wo sie mit heißem Tee und leckerem Kuchen erwartet wurden. Viola ging es inzwischen besser, aber essen wollte sie noch nichts.

Um sie abzulenken, spielten die Erwachsenen *Mensch ärgere dich nicht* mit ihr. Onno und Lukas wollten sich auf den Abend vorbereiten und verzogen sich nach oben unters Dach.

Marcel hatte seit seinem letzten Video nichts mehr gepostet, was sie seltsam fanden. Normalerweise verging kaum ein Tag ohne ein neues Video von ihm.

„Wahrscheinlich muss er einen auf Familie machen", sagte Onno. „Immerhin wohnt er bei seiner Tante."

„Das hat ihn noch nie davon abgehalten, etwas zu posten", widersprach Lukas.

Sie vertrieben sich die Zeit mit Marcels alten Beiträgen, aber schließlich war es soweit: Das Meet & Greet stand an. Geplant war, dass sie sich um halb sechs mit Marcel im *Info Café* am Bahnhof treffen würden, um Fotos zu schießen und ein kurzes Video für Marcels YouTube-Kanal zu drehen. Danach würden sie gemeinsam zum *Haus der Insel* gehen, wo sein Vortrag stattfinden sollte, und dort die anderen treffen.

Lukas und Onno waren überpünktlich im Café und dachten sich zunächst nichts dabei, als Marcel nicht zum vereinbarten Zeitpunkt auftauchte.

Kurz nach halb sechs tauchte ein junger Mann auf. Er hatte einen Fotoapparat umgehängt und schaute sich suchend um. „Ob das der Fotograf ist?“, fragte Lukas.

Onno hob den Arm und winkte dem Mann zu. Als er bei ihnen stand, fragte Onno: „Suchen Sie Marcel?“

Der Mann nickte. „Ich bin Mayk und arbeite für die *Langeoog News*. Ich wollte ein paar Fotos von Marcel und euch machen.“ Wieder sah er sich suchend um. „Wo steckt er?“

„Er ist noch nicht da“, antwortete Lukas. „Er wird aber sicher gleich auftauchen.“

„Aha“, machte der Mann und verschwand im Café, um gleich darauf mit einer Tasse Kaffee zurückzukommen.

Onno und Lukas hatten ihre Handys gecheckt, aber keine Nachricht von Marcel erhalten.

Mayk trank seinen Kaffee, knipste ein paar Bilder von Lukas und Onno und fragte, ob er ein kurzes Interview mit ihnen führen könne.

„Selbst schuld, wenn Marcel nicht da ist“, meinte er. „Dann kommt ihr eben groß raus.“

Er zog ein Aufnahmegerät aus der Jackentasche und schaltete es ein. „Seid ihr bereit?“ Lukas und Onno nickten.

„Wie findet ihr Marcel alias Galaxy267?“

„Wir sind große Fans. Ich habe seinen Kanal schon seit einigen Jahren abonniert“, sagte Onno.

„Was haltet ihr davon, dass er sich jetzt mehr um Umweltthemen kümmert?“

„Das ist gut so“ erwiderte Lukas. „Die Umwelt ist wichtig. Und er stellt ja auch immer noch Spiele vor.“

„Wie kommt es, dass ihr ihn heute persönlich treffen dürft?“

„Wir haben das Meet & Greet auf YouTube gewonnen.“

Nach zehn Minuten hatte Mayk alle Fragen gestellt und sagte, er könne nicht länger warten, er habe noch andere Termine.

Lukas und Onno bekamen Hunger und bestellten sich Milchreis und Kakao. Für ein paar Minuten waren sie von ihrer Sorge um Marcel abgelenkt, denn der Milchreis war der weltbeste, den sie jemals gegessen hatten.

Um sieben Uhr war Marcel immer noch nicht aufgetaucht, und er hatte auch keine Nachricht geschickt. Sie begannen, sich ernsthaft Sorgen zu machen.

„Vielleicht wurde er aufgehalten“, meinte Lukas. „Immerhin ist er berühmt.“

„Aber hier kennt ihn doch jeder“, widersprach Onno.

„Vielleicht hatte er einen Unfall?“

„Auf Langeoog?“

„Denk an die Radler“, sagte Lukas. „Manche fahren hier wirklich sehr wild.“

Sie beratschlagten, was sie tun sollten, und beschlossen, nicht länger zu warten. Vielleicht hatte Marcel den Termin vergessen; es war zwar kaum vorstellbar, aber immerhin möglich. Die Möglichkeit, dass tatsächlich etwas passiert sein könnte, schoben sie weit von sich.

Für alle Fälle hinterließen sie im Café eine Nachricht für Marcel und liefen das kurze Stück zum *Haus der Insel*. Der Vortrag sollte im großen Saal stattfinden. Schon im Foyer war lautes Stimmengewirr zu hören. Der Saal war bis auf den letzten Platz besetzt, vorwiegend von Kindern und Jugendlichen, dazwischen ein paar Erwachsene, vermutlich zum Aufpassen.

Vorn stand Frank und winkte ihnen zu, als er sie entdeckte.

„Habt ihr Marcel gesehen?", fragte Lukas sofort.

„Nein, ich dachte, ihr bringt ihn mit?", wunderte sich Frank.

„Er ist nicht aufgetaucht."

„Seltsam. Er machte einen so netten Eindruck", murmelte Frank.

„Er *ist* nett", verteidigte Onno sein Idol.

Die Show sollte um halb acht beginnen, um zehn nach halb begannen die Anwesenden, unruhig zu werden. Vereinzelte Pfiffe waren zu hören, einige begannen zu klatschen.

Um acht Uhr betrat eine Frau mit kurzen Haaren das Podium, nahm ein Mikrofon, stellte sich als Mitarbeiterin der Kurverwaltung vor und sagte: „Es tut uns sehr leid, aber die heutige Veranstaltung muss leider ausfallen. Marcel ist erkrankt. Wir holen den Termin auf alle Fälle ..."

Der Rest ging in lauten Buh-Rufen unter.

Lukas und Onno sahen sich an. „Irgendetwas stimmt hier ganz und gar nicht", sagte Lukas. Onno nickte.

5.

Vermisst!

Die Menge löste sich nur langsam auf. Kleine Gruppen standen beisammen und diskutierten. Von den älteren Leuten war zu hören, dass auf die Jugend eben kein Verlass mehr sei.

„Diese dummen Sprüche gab es schon, als ich jung war“, murrte Opa Frank. „Du sagst, er ist nicht der Typ, der einfach einen Termin sausen lässt?“, wandte er sich an Onno.

Der nickte. „Natürlich habe ich ihn auch erst am Montag persönlich kennengelernt, aber ich habe seinen YouTube-Kanal schon seit mehr als drei Jahren abonniert. Wenn er ein Special ankündigt, dann kommt es immer genau zum vereinbarten Termin.“ Er schaute fragend zu Lukas. „Hast du schon mal erlebt, dass er zu spät war?“

Lukas schüttelte den Kopf. „Da fällt mir nichts ein. Ich folge ihm aber noch nicht so lange wie du.“

„Ich fand ihn sehr sympathisch und würde ihm das auch nicht zutrauen“, bestätigte Frank. „Aber natürlich kann man das nach einem Treffen nicht wirklich beurteilen. Wart ihr eigentlich schon im *Schifffahrtsmuseum*?“, wechselte er das Thema. „Ich war heute Nachmittag da, es befindet sich hier im Haus. Sie haben eine Ausstellung zum Thema ‚Müll im Meer‘.“ Er schaute Lukas und Onno lachend an. „Nach eurem Abenteuer im letzten Jahr müsste euch das doch interessieren. Natürlich gibt es auch jede Menge Schiffsmodelle, unter anderem die *Gorch Fock*, das Segelschulschiff der Deutschen Marine, außerdem spannende und kuriose Mitbringsel von

Seereisen. Das Tollste war aber ‚Langeoog aus Lego'. Faszinierend, was man aus diesen Steinen alles kreieren kann. Das solltet ihr unbedingt anschauen."

Lukas und Onno nickten, waren aber mit den Gedanken bei Marcel. Den ganzen Heimweg über rätselten sie, warum er nicht aufgetaucht war.

„Was sollen wir jetzt tun?", fragte Lukas.

„Ich frage Bent, sobald wir zurück sind", entschied Onno.

Ähnlich wie die anderen Erwachsenen reagierte Onnos Onkel zunächst zurückhaltend. „Es kann immer mal was dazwischenkommen", sagte er.

„Der Termin war seit Wochen angekündigt", widersprach Onno. „Und er war ihm wirklich wichtig."

„Vielleicht hat er auch bei Fisch Fiete gegessen und Bauchschmerzen bekommen", vermutete Viola. Die anderen zuckten ratlos mit den Schultern. Ganz auszuschließen war es nicht.

„Er hätte uns benachrichtigt", sagte Lukas.

„Ihr seid euch ziemlich sicher, oder?", fragte Bent.

„Klar. Nur weil wir jung sind, heißt das nicht automatisch, dass wir unzuverlässig sind." Onno war hörbar beleidigt.

Sein Onkel strich ihm über die Haare. „Ist ja gut, ich will nur auf Nummer sicher gehen."

„Und was machen wir jetzt?", wollte Onno wissen.

„Wir sollten zur Polizei gehen", schlug Lukas vor. „Immerhin ist ein Mensch verschwunden."

„*Verschwunden* ist jetzt schon etwas übertrieben", warf Bent vorsichtig ein. „Nur dass jemand nicht zu einer Veranstaltung kommt, bedeutet nicht, dass er verschwunden ist. Er kann auch einfach nur krank zu Hause liegen, wie Viola sagt."

Mist! Daran hatten sie gar nicht gedacht!

„Wir sollten seine Tante anrufen und fragen“, schlug Lukas vor.

„Gute Idee“, erwiderte Bent. „Wie heißt sie?“

Lukas und Onno schauten einander ratlos an. „Ähm, keine Ahnung“, sagte Onno schließlich.

„Seine Cousine Rieke hat lange rote Haare“, warf Lukas ein. „Und ziemlich viele Sommersprossen. Und sie ist so alt wie wir. Ungefähr.“

Bent schüttelte traurig den Kopf. „Das sagt mir leider nichts. Wie heißt Marcel denn mit Nachnamen? Vielleicht hat er denselben Namen wie seine Tante?“

Auch den kannten die Jungs nicht, aber Onno hatte die kluge Idee, im Internet nachzuschauen. Leider half der gefundene Nachname nicht weiter, dafür fand Lukas eine Stelle, an der Marcel Langeoog und seine Tante erwähnte. „Sie heißt Femke. Hilft das?“

Bent lachte. „Und wie! Ein Hoch auf die Eltern, die ihren Kindern gute alte friesische Namen geben.“ Er ging zum Schreibtisch, holte eine Mappe heraus, entnahm dieser einige Seiten und fuhr mit dem Finger von oben nach unten. „Femke, Femke“, murmelte er. „Ah, hier haben wir sie.“ Er griff nach dem Telefon und wählte.

„Hallo Femke, hier ist Bent.“ Vom Rest verstand Lukas nur ein paar Wörter, denn Onnos Onkel hatte ins Plattdeutsche gewechselt. „Marcel“ kam darin vor und „Internet“ und ein Wort hätte „verschwunden“ bedeuten können, aber er war sich nicht sicher.

„Und?“, fragte Onno, als Bent auflegte.

„Sie hat ihn zuletzt am Nachmittag gesehen. Er wollte zum *Wasserturm*, dann euch treffen und zusammen mit euch zum *Haus der Insel*.“

„Wären wir später am *Wasserturm* gewesen, hätten wir ihn vielleicht getroffen", sagte Lukas.
„Waren wir aber nicht", antwortete Onno unglücklich. „Ob ihn dort jemand gesehen hat?"
„Hey, es ist nicht eure Aufgabe, Marcel zu suchen", rief Bent und lachte.
„Also doch Polizei?", fragte Onno.
Bent schaute auf die Wanduhr, die über dem Schreibtisch hing, und sagte: „Dafür ist es heute zu spät. Lasst uns bis morgen warten. Ich rufe seine Tante noch mal an und berate mit ihr, was wir tun können. Wie alt ist Marcel eigentlich?"
„Achtzehn? Nee, er ist schon neunzehn", sagte Onno.
„Dann können wir sowieso nichts machen. Er ist volljährig und kann tun und lassen, was er will", erwiderte sein Onkel.
„Aber wenn nun doch etwas passiert ist?", beharrte Onno.
„Wenn er bis morgen früh nicht aufgetaucht ist, gehen wir zur Polizei. Versprochen. Wollt ihr noch einen Schlaftrunk?"
Lukas hätte gern eine heiße Schokolade getrunken, aber Onno schüttelte den Kopf. „Nö, lass mal. Danke. Gute Nacht." Er zog Lukas mit sich.
„Du willst doch nicht ernsthaft schon schlafen?", fragte Lukas den Freund, als sie oben in ihrem Reich angekommen waren.
„Nein, natürlich nicht." Onno kickte mit dem Fuß ein Kissen zur Seite. „Erwachsene sind immer sooo vernünftig", brummte er. Er wandte sich um und schaute Lukas ernst an. „Du glaubst doch auch, dass etwas passiert ist, oder?"
Lukas zögerte. Er fand, Bents Ausführungen ergaben durchaus Sinn. Andererseits wollte er sich nicht mit Onno streiten.

„Ja und nein", sagte er schließlich. „Was kann es schaden, bis morgen zu warten?"
„Was, wenn er irgendwo verletzt herumliegt und Hilfe braucht?"
„Selbst wenn – wie willst du ihn finden? Es ist inzwischen dunkel, die Insel ist viel zu groß, um sie abzusuchen. Denk nur an die vielen Dünen. Wir müssten jeden ..."
„Hast ja recht", unterbrach Onno ihn. „Ich mache mir einfach Sorgen. Es ist so untypisch für Marcel."
„Manchmal gibt's hinterher wirklich eine ganz harmlose Erklärung", versuchte Lukas, ihn aufzumuntern. „Lass uns noch mal im Netz nachschauen, vielleicht steht da inzwischen etwas."
Aber egal, wo sie suchten, es gab nichts Neues. Im Gegenteil: In einem Chatroom, in dem Marcel häufig Gast war und von Veranstaltungen berichtete, überschlugen sich die Leute mit Fragen nach dem Abend auf Langeoog.
Sie schauten auch auf Marcels YouTube-Kanal nach, aber der letzte Eintrag war nach wie vor seine Ankündigung, dass er der Öffentlichkeit unbedingt etwas mitteilen wolle.
„Ich finde, das klingt geheimnisvoll", sagte Onno.
„Das denkst du nur, weil Marcel –", Lukas suchte nach einer Formulierung, in der das Wort „verschwunden" nicht vorkam. „Weil Marcel nicht aufgetaucht ist", sagte er schließlich.
„Natürlich!", rief Onno aufgebracht. „Ich sehe die Aussage jetzt in einem ganz anderen Zusammenhang."
Lukas musste zugeben, dass man die Worte auch anders als bisher interpretieren konnte. Dennoch ...

„Ich finde, wir sollten bis morgen warten. Dein Onkel hat versprochen, dass wir zur Polizei gehen, wenn es nichts Neues gibt."

Onno zog nach wie vor einen Flunsch, aber er sah ein, dass sie angesichts der fortgeschrittenen Uhrzeit und Dunkelheit nichts unternehmen konnten.

Am nächsten Morgen fühlte Lukas sich ziemlich gerädert, weil Onno sich ständig hin- und hergewälzt hatte. Sein erster Gedanke galt dem verschwundenen YouTuber, aber da Onno nichts sagte, hielt auch er den Mund. Das Thema würde früh genug auf den Tisch kommen.

Als sie die Tür zum Frühstücksraum öffneten, hörten sie bereits Violas fröhliches Geplapper. Sie schien die kleine Magenverstimmung mittlerweile überstanden zu haben.

Während Lukas sich am Buffet bediente, ging Onno auf die Suche nach seinem Onkel und kehrte nach wenigen Minuten mit ihm zurück.

„Guten Morgen", begrüßte Bent sie, fragte nach dem Wohlbefinden im Allgemeinen und nach Violas im Besonderen. Natürlich beanspruchte sie eine ganze Weile Bents Aufmerksamkeit, während Onno mit düsterer Miene am Tisch saß und an einem Croissant herumzupfte.

Schließlich hatte sein Onkel ein Einsehen. „Ich habe mit Marcels Tante telefoniert. Er ist heute Nacht nicht nach Hause gekommen. Sie bestätigt, dass er eigentlich sehr zuverlässig ist und sich auf jeden Fall melden würde, wenn etwas dazwischenkäme. Sie hat um 10 Uhr einen Termin bei der Polizei und fragt, ob ihr mitkommen würdet?" Er schaute Onno und Lukas an. „Immerhin wollte er sich mit euch treffen."

„Na klar", rief Onno und sprang auf. Bent drückte ihn sanft auf den Stuhl zurück. „Nicht so hastig, junger Mann. Jetzt wird erst einmal gefrühstückt."

Onno blieb zwar sitzen, aß aber kaum etwas. Lustlos kaute er auf dem zerpflückten Croissant herum.

Auch Lukas' Hals war wie zugeschnürt. Er zwang sich, wenigstens ein Brötchen mit Butter und Marmelade zu essen, aber er hatte das Gefühl, dass mancher Bissen steckenblieb. Er hatte so sehr gehofft, am Morgen würde sich alles in Wohlgefallen auflösen.

Obwohl Richard sich bemühte, das Thema Marcel zu vermeiden, lag eine eigenartige Stimmung über dem Frühstückstisch. Schließlich hielt Onno es nicht mehr aus. Er sprang auf und rief: „Es ist halb zehn. Ich geh jetzt zur Polizei, mit oder ohne Bent. Kommst du?", sagte er zu Lukas.

Lukas warf seiner Mutter einen fragenden Blick zu. „Geht nur", sagte sie. „Bent geht sicher mit oder kommt nach."

Lukas folgte Onno, der ungeduldig an der Eingangstür stand. Vorsichtshalber hatten sie ihre dicken Pullis bereits mitgenommen.

„Fahren oder laufen wir?", wollte Lukas wissen.

„Fahren", gab Onno zurück und schlug den Weg zum Fahrradschuppen ein. Als sie die Räder am Haus vorbei zur Straße schoben, streckte Bent seinen Kopf aus dem Fenster und rief: „Wartet, ich brauche nur eine Minute."

Tatsächlich kam er kurze Zeit später herausgerannt, holte sein Rad und schwang sich in den Sattel. „Na los, worauf wartet ihr noch?"

Sie stiegen ebenfalls auf und radelten zur Barkhausenstraße, die um diese Zeit ziemlich leer war. Viele Geschäfte hatten noch geschlossen, die Restaurants sowieso. Nur vor der Bäckerei und dem Supermarkt herrschte emsiger Betrieb.

Sie bogen rechts in die Hauptstraße ein und vor dem *Wasserturm* links in die Straße, in der sich die Polizeistation befand. Bent klingelte, kurz darauf öffnete eine Frau mit einem blonden Pferdeschwanz die Tür. Sie trug Uniform. „Moin, Gabi", sagte Bent. „Ist Femke schon da?"

„Moin, Bent, moin, Jungs. Ja, kommt rein", sagte die Polizistin und führte sie in ein Büro. Eine dunkelhaarige Frau, die Rieke verblüffend ähnlich sah,

saß auf einem Stuhl und blickte ihnen erwartungsvoll entgegen.
„Moin, Femke", begrüßte Bent auch sie und reichte ihr die Hand. „Das sind mein Neffe Onno und sein Freund Lukas."
Onno sagte „Moin" und hob kurz die Hand. Lukas tat es ihm nach.
Die Polizistin hatte inzwischen drei Stühle aus einem Nebenraum geholt und bat alle, sich zu setzen. „Femke hat mir schon berichtet, worum es geht", sagte sie, während sie hinter dem Schreibtisch Platz nahm. „Das Problem ist, dass Marcel volljährig ist und tun und lassen kann, was er will. Wenn er verschwinden will, ist das sein gutes Recht."
„Man muss doch ...", protestierte Onno, aber sie hielt eine Hand hoch, um ihn zu bremsen.
„Ich sehe ein, dass es nicht sehr wahrscheinlich ist, dass Marcel einfach verschwindet. Femke hat ihn als äußerst verantwortungsbewusst und zuverlässig geschildert. Seht ihr das genauso?"
Onno und Lukas nickten.
„Dennoch sind mir die Hände gebunden. Bei Volljährigen kann ich eigentlich nichts machen, wenn keine Anzeichen eines Verbrechens oder sonstigen Notfalls vorliegen."
„Es muss also erst etwas Schlimmes passieren, damit die Polizei was tut", stieß Onno wütend hervor.
„Es tut mir leid. Ich weiß, das klingt nicht sehr ermutigend, aber ich kann es nicht ändern. Wir können zunächst nur alle weiter die Augen offen halten, bis weitere Hinweise auftauchen." Sie klang tatsächlich, als ob sie es bedauere.
Marcels Tante entfuhr ein Schluchzer. Bent, der neben ihr saß, legte einen Arm um sie. „Wirst sehen, es wird alles gut", sagte er.

6.

Kleine Insel, viel zu groß

Auf dem Heimweg stritt Onno mit seinem Onkel über die Unfähigkeit der Polizistin.

„Auf Gabi lasse ich nichts kommen“, verteidigte Bent sie. „Sie kann sich nicht über die Vorschriften hinwegsetzen. Sie würde damit ihren Job riskieren.“

„Aber sie hat selbst zugegeben, dass Marcel nicht einfach verschwinden würde“, widersprach Onno.

„Das ist aber nicht gleichbedeutend mit *es ist was Schlimmes passiert*“, erklärte Bent zum x-ten Mal, aber Onno wollte nicht mehr hinhören. Er trat in die Pedale und fuhr davon.

Bent wandte sich an Lukas. „Ich hoffe, du kannst ihn etwas beruhigen.“

„Ich versuch’s“, sagte Lukas und fuhr dem Freund hinterher. Kurz vor dem Hotel holte er ihn ein. Onno zog eine Miene, als sei er kurz vor einer Explosion.

„Lass uns irgendwohin fahren“, schlug Lukas vor. Er hatte keine Ahnung, ob Richard und seine Mutter es erlauben würden, aber er wusste, alles war besser, als tatenlos herumzusitzen. Auf den Strand hatte er absolut keine Lust, und auch sein Freund sah nicht so aus, als würde er jetzt gerne in der Sonne liegen.

Als Bent kam, sagte Onno trotzig: „Wir fahren jetzt mal die Insel ab.“

„Macht das“, antwortete sein Onkel. „Ich kläre das mit deinen Eltern“, fügte er Richtung Lukas hinzu. „Ich weiß, ihr seid vernünftig genug, um nichts Unbedachtes anzustellen. Nicht, dass noch jemand verschwindet.“ Er gab den beiden einen leichten Klaps auf die Schulter und betrat das Haus.

„Wohin?“, fragte Lukas den Freund.

Der dachte kurz nach und sagte dann: „Zum Hafen.“

„Warum dahin?“

Onno zuckte mit den Schultern. „Irgendwo müssen wir anfangen.“ Er zog eine Grimasse. „Offen gestanden, habe ich keine Lust, schon wieder Richtung Osten zu fahren.“

„Ach! Und wer ist jetzt das Weichei?“ Lukas grinste. „Na dann, auf zum Hafen.“

Onno, der schon mehrmals bei seinem Onkel zu Besuch gewesen war, kannte den Weg, und so standen sie knapp dreißig Minuten später am

Hafen, wo gerade die *MS Pionier* mit einer großen Ladung anlegte. Ein paar Minuten gönnten sich die Freunde, um beim Löschen der Fracht zuzuschauen und zu verschnaufen, doch dann fragte Lukas: „Sollten wir nicht mal mit dem Suchen beginnen? Wie gehen wir vor?"

„Ich habe eine Idee", erwiderte Onno. Er wendete und fuhr auf das Gebäude am Ende des Piers zu, auf dem *Schiffahrt Langeoog* stand. Das Gleis lag verlassen da, weiter hinten standen ein paar bunte Container herum.

Onno lehnte sein Rad an die Wand und betrat das Haus, gefolgt von Lukas, der sich fragte, was der Freund vorhatte. Dieser zog sein Handy aus der Hosentasche, suchte etwas und ging dann auf einen älteren Mann zu, der einen dicken blauen Pullover mit dem Langeooger Logo trug.

„Entschuldigung, darf ich Sie was fragen?"

Lukas hätte beinahe gelacht, denn Onnos Stimme klang wie die eines schüchternen Jungen.

„Was denn?"

Onno hielt dem Mann sein Handy vor die Nase. „Haben Sie den hier gestern oder heute gesehen?"

Der Mann schaute zunächst irritiert und wollte wohl den Kopf schütteln, als sein Blick auf das Display fiel. Er stutzte. „Ist das nicht der Typ, der gestern Abend den Vortrag halten sollte? Mein Enkel war ziemlich sauer, weil er nicht aufgetaucht ist."

„Sie kennen ihn also?" Onnos Stimme klang jetzt hoffnungsfroh.

„Nein, kennen tu ich ihn nicht. Und ich habe ihn auch nicht gesehen. Was ist denn mit ihm?"

„Er ist verschwunden", erklärte Onno.

„Oh", machte der Mann. „Und ihr sucht ihn?"

„Ja, denn die Polizei unternimmt nichts", sagte Onno.

„Na, dann viel Glück. Fragt mal meinen Kollegen Lars, der ist gerade draußen beim Schiff. Er hatte heute Morgen schon Dienst, vielleicht kann er euch weiterhelfen."

Onno bedankte sich artig und suchte Lars, der ihnen aber nichts sagen konnte. Weder wusste er, wer Marcel war, noch hatte er ihn gesehen.

„Und jetzt?", fragte Lukas.

„Fahren wir zurück zum Ort und fragen die Leute."

Lukas fand, das war keine gute Idee, aber er wusste keine Alternative. Also radelte er Onno hinterher. Sie waren über die Hafenstraße gekommen und fuhren nun über den Flinthörndeich zurück. Zu Lukas' Überraschung hielt Onno beim Naturpfad *Flinthörn* an.

„Lass uns den Weg abgehen. Da haben wir einen guten Überblick."

Sie folgten dem Weg, ignorierten die Infotafeln, ließen dafür ihre Blicke rechts und links über die Dünen und die Salzwiesen schweifen. Lukas fragte sich, ob Onno allen Ernstes erwartete, Marcel hier irgendwo zu finden.

Als sie beim Aussichtspunkt ankamen, vergaß sogar Onno für einen Moment den Zweck ihrer Suche. „Wahnsinn!", sagte er und starrte ehrfürchtig Richtung Westen, wo Baltrum zum Greifen nah lag. Man konnte sogar einzelne Häuser erkennen. „Man sollte alle Menschen hierherbringen und ihnen das zeigen. Dann würden sich vielleicht mehr Leute für den Umweltschutz engagieren", sagte er leise.

Lukas stimmte zu, obwohl er anderer Meinung war. Viele Menschen waren nur daran interessiert, Spaß zu haben. Die Umwelt war ihnen egal.

Vor ihnen stolzierte ein Austernfischer hin und her, als wolle er ihnen seinen schönen roten Schnabel vorführen. Er flog erst davon, als eine Gruppe Jugendlicher mit viel Lärm und Getöse die Aussichtsplattform eroberte.

Die Betreuerin zog ein Buch aus ihrem Rucksack und begann, daraus vorzutragen, während die Teenager sich nicht darum kümmerten und stattdessen Selfies von sich machten. Onno verdrehte die Augen, stupste Lukas an und neigte den Kopf mit einem kleinen Ruck in Richtung Fahrräder. Lukas nickte. Sie drängten sich durch die Gruppe und liefen zurück.

Onno schlug vor, durch den kleinen Wald zu fahren, der früher einmal Flugplatz gewesen war. Davon war heute absolut nichts mehr zu sehen. „Bent hat mir erzählt, dass die Flugzeuge zu schwer waren für den Boden", erklärte Onno, während sie das Wäldchen langsam durchquerten. „Nach dem Krieg haben sie die Piste zerstört und später Bäume angepflanzt."

Sie riefen immer wieder laut „Marcel?", aber die einzige Reaktion kam von ein paar Vögeln, die sich gestört fühlten.

„Ich schätze, das bringt nichts", meinte Lukas geknickt, als sie nach wenigen Minuten am anderen Ende ankamen. „So klein der Wald ist, ist er doch viel zu groß, um ihn zu durchsuchen. Wir müssten ihn systematisch durchkämmen."
„Ich weiß." Onno ließ den Kopf hängen und stieß mit dem Fuß Steine weg. „Es ist so frustrierend."
„Lass uns zum Hotel zurückfahren. Vielleicht haben sie Neuigkeiten."
„Das hätten sie uns doch sicher längst mitgeteilt", erwiderte Onno und hielt sein Handy hoch. „Im Gegensatz zu Spiekeroog haben wir hier fast überall Netz." Er lächelte müde.
„Na komm", versuchte Lukas ihn aufzumuntern. „Wir haben es wenigstens versucht."
Sie stiegen wieder auf und fuhren an den Schrebergärten vorbei Richtung Dorf. Es war weit nach Mittag, und Lukas verspürte Hunger. Im Hotel erfuhren sie, dass der Rest der Familie am Strand war. Sie durften sich belegte Brote machen und fuhren, ausgerüstet mit reichlich Essen und Getränken, zum Strand.
Sie fanden die Strandkörbe und wurden mit lautem Hallo begrüßt. Opa Frank deutete ihre Mienen richtig: „Ihr habt wohl keinen Erfolg gehabt?", fragte er mitfühlend.
Onno schüttelte den Kopf.
„Das war auch nicht zu erwarten gewesen." Er strich ihnen über den Kopf. „Ihr werdet sehen, es klärt sich alles auf."
„Hoffentlich", erwiderte Lukas und ließ sich erschöpft in den warmen Sand fallen. Er nahm sich ein Brot und eine Flasche Saft und war eine Weile damit beschäftigt zu essen.

Ein paar Meter weiter stand eine Silbermöwe und pickte auf einem großen Stück Baguette herum. Das Brot schien schon länger am Strand zu liegen, denn es war offensichtlich ziemlich hart. Egal, wie sehr der Vogel mit seinem Schnabel darauf einhackte, es lösten sich immer nur kleine Brösel, und das Baguette rutschte ein paar Zentimeter weiter.

Lukas war sich sicher, dass die Möwe irgendwann aufgeben würde, aber sie dachte gar nicht daran. Als sie nach ein paar Minuten merkte, dass die Hackmethode zu keinem Erfolg führte, begann sie, das Brot in den Schnabel zu nehmen. Obwohl Silbermöwen nicht gerade klein waren, war das Baguette viel zu groß.

‚Sie wird doch nicht …', dachte Lukas. Und tatsächlich versuchte die Möwe, das Brot im Ganzen hinunterzuschlucken.

Lukas musste ebenfalls schlucken und fürchtete, der Bissen, den er gerade im Mund gehabt hatte, würde ihm im Hals stecken bleiben. Vorsichtshalber nahm er einen Schluck Saft und legte das angebissene Brot zur Seite.

Fasziniert beobachtete er, wie die Möwe sich mit dem Baguettestück abmühte. Immer, wenn er dachte, dass sie aufgeben würde, rutschte das Brot ein paar Millimeter weiter in den Vogelhals. Nach zirka zehn Minuten war es geschafft: Das Brot steckte deutlich sichtbar im Hals der Silbermöwe. Sie schüttelte ein paar Mal den Kopf, schwang ihre Flügel und flog davon.

„Wahnsinn", brummte Lukas. Er wusste nicht, ob er beeindruckt oder entsetzt sein sollte. Wenigstens war es nur trockenes Brot gewesen und damit nicht allzu schädlich für das Tier.

7.

Entführt!

Nach dem Abendessen schlug Richard einen Spieleabend vor. Lukas konnte Onno davon überzeugen, dass es eine gute Ablenkung wäre. Immer nur zu grübeln würde Marcel nicht helfen.

Mit ihrem Temperament schaffte Viola es zumindest für zwei Stunden, dass sie nicht allzu sehr an den verschwundenen YouTuber dachten. Doch als sie dann auf ihren Matratzen unterm Dach lagen und in den Sternenhimmel schauten, sagte Onno: „Wo er wohl steckt?“

„Ich hoffe, es geht ihm gut“, erwiderte Lukas.

Wieder und wieder ließen sie die letzten Tage Revue passieren, schauten Marcels letzte Video-Botschaften an, rätselten, was geschehen sein könnte.

Sie schliefen darüber ein, und Lukas träumte von einem Ungeheuer, das versuchte, eine Figur, die wie Marcel aussah, im Ganzen hinunterzuschlucken. Schweißgebadet wachte er auf und wusste im ersten Moment nicht, wo er war. Als er Onno neben sich entdeckte, fiel ihm alles wieder ein. Sein Handy zeigte ihm, dass es 2.24 Uhr war.

Leise stand er auf, lief im Zimmer umher, starrte in den Himmel, an dem sich die Milchstraße wie ein helles Band entlangschlängelte und Millionen, ach was, Milliarden oder noch mehr Sterne blinkten. Er fand den Großen Bären und Kassiopeia und war froh, dass er einen Freund wie Onno hatte, der ihm Sternbilder erklären konnte. Da er sich zu wach fühlte, um weiterzuschlafen, warf er sich einen Pulli über, zog Socken an und verließ das Zimmer. Im Haus war es still. Obwohl – aus dem ersten Stock waren eindeutig Schnarchgeräusche zu hören. Ob das Opa Frank war?

Lukas grinste und lief die Treppe hinunter. Vom Fenster in der ersten Etage aus sah er am Horizont die Windanlagen auf dem Festland blinken. Das Dorf lag verschlafen zu seinen Füßen, nichts regte sich auf den Straßen.

Lukas lief weiter in den Frühstücksraum, wo er den Kühlschrank öffnete und beschloss, sich ein Glas warme Milch zu machen. Früher hatte ihm das beim Einschlafen geholfen.

Im Schrank unter dem Herd fand er einen kleinen Topf, in den er etwas Milch goss. Er schaltete die kleinste Herdplatte an und suchte, während die Milch warm wurde, nach einer Tasse. Als er eine Packung mit Schokoladenkeksen fand, haderte er mit sich, nahm dann aber doch zwei Stück und legte sie neben die Tasse. Mit dem Finger prüfte er immer wieder die Temperatur der Milch, damit sie nicht überkochte. Als sie heiß genug war, schaltete er den Herd aus, schüttete die Milch in die Tasse und trug diese samt den Keksen zur Sitzecke im vorderen Bereich des Raums. Lukas stellte die Tasse auf eine Broschüre, um keine Ränder auf dem Tisch zu hinterlassen, setzte sich in einen der Sessel, zog die Beine an, knabberte an einem Keks und nippte an der warmen Milch.

Unweigerlich wanderten seine Gedanken zu Marcel. Er hoffte inständig, dass es ihm gut ging, dass es tatsächlich eine harmlose Erklärung für sein Verschwinden gab.

Er schreckte hoch, als ihn jemand am Arm stupste. „Was machst du denn hier unten?“ Onno stand neben dem Sessel und schaute ihn besorgt an.

Lukas sah sich um. Er saß im Empfangsbereich des Hotels, vor ihm stand eine halbleere Tasse mit Milch, daneben lag ein angebissener Schokoladenkeks. Offenbar war er weggedöst. „Ich konnte nicht schlafen und hab mir Milch warmgemacht", sagte er und wollte sich aufrichten. Aber sein linkes Bein machte ihm einen Strich durch die Rechnung – es war eingeschlafen. Er streckte und schüttelte es, woraufhin sich gefühlt eine Kolonne Ameisen auf den Weg machte.

„Schau mal", sagte Onno und hielt ihm sein Handy hin. Seine Stimme klang ernst.

Lukas nahm das Telefon und starrte auf das Display. Bis auf den Balken, der den Verlauf eines Videos anzeigt, war es weiß. Er beugte sich weiter vor. War das ein Punkt in der Mitte oder Dreck?

„Was sehe ich da?“, fragte er schließlich.

„Drück auf Play“, forderte Onno.

Folgsam drückte Lukas auf das Dreieck, das ein Video startete. Aus dem kleinen Punkt wurde Marcels rotierende gelbe Baseballkappe, die schließlich mit Marcels unverwechselbarem Logo Richtung Zuschauer zeigend stehenblieb. Aus dem Off ertönte eine blechern klingende Stimme: „Wir haben euren YouTuber. Wir fordern fünftausend Euro Lösegeld. Wir melden uns im Laufe des Tages mit dem Ort der Übergabe.“

Der Bildschirm wurde schwarz.

„Hä?“, machte Lukas und belastete vorsichtig das linke Bein. Das Kribbeln hatte nachgelassen.

„Marcel wurde entführt!“, rief Onno, um sofort flüsternd fortzufahren: „Das ist eine Lösegeldforderung. Wir hatten recht: Marcel wurde entführt.“

„Wo hast du die her?“, wollte Lukas wissen.

„Ich habe vergessen, das Handy auszuschalten, bin wohl vorher eingeschlafen. Wenn etwas auf Marcels Kanal gepostet wird, ertönt ein Alarm. Der hat mich geweckt.“

„Du meinst, sie haben das auf Marcels YouTube-Kanal gestellt?“

Onno nickte.

„Und jetzt?“

„Sollten wir zur Polizei gehen“, erwiderte Onno im Brustton der Überzeugung.

Oben im Display sah Lukas die Uhrzeit. Es war vier Minuten vor fünf. Bald würde die Sonne aufgehen. Aber die Insel-Polizistin war sicher noch nicht wach.

„Wir sollten warten, bis es hell ist.“

„Und Marcel gefährden?“

Lukas stand auf und streckte sich. In einem Sessel zu schlafen war nicht sehr förderlich für den Rücken.

„Selbst, wenn wir jetzt die Polizistin aus dem Bett klingeln – was könnte sie schon tun?“, fragte er den Freund.

„Alle notwendigen Maßnahmen in Bewegung setzen“, antwortete dieser.

Lukas sah ein, dass da etwas dran war. „Wir sollten einen Erwachsenen mitnehmen.“ Zu seiner Überraschung widersprach Onno nicht. Er fragte nur: „Wen? Bent oder Richard?“

„Bent“, entschied Lukas. Der war auf der Insel zu Hause und kannte die Polizistin.

„Okay. Ich wecke ihn“, sagte Onno und öffnete die Tür hinter dem Schreibtisch, die zum privaten Reich von Bent und Peter führte.

Lukas aß den restlichen Keks, trank die kalte Milch, trug die leere Tasse zur Spüle und füllte sie und den benutzten Topf mit Wasser. Er würde es beim Frühstück erklären.

Onno erschien ohne seinen Onkel. „Er kommt gleich“, sagte er. „Und wir sollten uns anziehen.“

Sie liefen nach oben und schlüpften in Jeans, T-Shirt, Pullover und Schuhe und rannten mit großen Sprüngen wieder nach unten. Bent war noch nicht aufgetaucht.

„Wo steckt er denn?“, stöhnte Onno. „Erwachsene!“

„Lass uns das Video noch einmal anschauen“, schlug Lukas vor. „Vielleicht entdecken wir etwas.“

Die Stimme forderte gerade das Lösegeld, als Onnos Onkel auftauchte. Er sah müde aus, sein Haar stand kreuz und quer in die Höhe.

„Na endlich", rief Onno und sprang auf. Aber Bent wollte zuerst das Video sehen. Notgedrungen spielte Onno es erneut ab.
Lukas war erleichtert, als Bent ihnen zustimmte, dass sie dringend die Polizei informieren müssten. „Ich rufe Gabi an", sagte er und ging zum Schreibtisch, um zu telefonieren.
Ungeduldig warteten die Jungs darauf, dass die Polizistin sich meldete. Als sie es endlich tat, berichtete Bent von dem Video und schilderte ihr den Inhalt.
„Wir schicken dir den Link", sagte er schließlich und wiederholte die von Gabi buchstabierte E-Mail-Adresse laut.
Onno tippte sie in sein Handy und versandte den Link zum Video. „Und jetzt?", fragte er seinen Onkel.
„Jetzt wird Gabi sich das Video anschauen und alles Nötige unternehmen", versicherte Bent ihm.
„Wir können also nichts tun?" Onno klang verzweifelt.
„Vorerst nicht", bestätigte Bent. „Aber ihr sollt gleich nach dem Frühstück zur Station kommen. Am besten schlaft ihr noch eine Runde."
„Das ist ja noch ewig", brummte Onno, aber er sah ein, dass es nichts bringen würde, jetzt zur Polizeistation zu fahren.
Niedergeschlagen stiegen sie die Treppe hoch. Wie sollten sie jetzt schlafen? Im zweiten Stock flüsterte Lukas: „Ich hole Richards Laptop, darauf sehen wir mehr als auf dem Handy."
Vorsichtig drückte er die Türklinke nach unten. Er wusste, dass die Tür wegen Viola nicht abgeschlossen war. Sie sollte das Gefühl haben, jederzeit kommen zu können. Das Zimmer von seiner Mutter und Richard war groß und durch einen Schrank zweigeteilt. Im vorderen Teil befanden

sich eine gemütliche Sitzecke, ein Esstisch mit vier Stühlen und ein kleiner Schreibtisch. Hinter dem Schrank stand das Bett, außerdem ging es dort auch zum Badezimmer.
Lukas warf einen vorsichtigen Blick um den Schrank herum. Seine Mutter lag in Richards Arm, beide schliefen tief und fest. Er betrachtete sie eine Weile. Er war froh, dass Richard sein Bonusvater war, auch wenn er ihm mit seinem lehrerhaften Getue manchmal noch auf die Nerven ging. Seine Mutter war jedenfalls sehr viel ausgeglichener und fröhlicher, seit sie mit ihm zusammen war. Und das war gut und wichtig.
Aber er war nicht hier, um sich über seine Familie Gedanken zu machen, sondern um Richards Laptop zu suchen. Zum Glück kannte er dessen Gewohnheiten, und so fand er das gesuchte Gerät schnell. Wie vermutet, lag der Computer ordentlich in der Hülle verstaut auf dem Schreibtisch, durch das Ladekabel mit der Steckdose verbunden.
Lukas zog den Stecker, stopfte das Kabel in die Hülle, nahm den Laptop und schlich sich aus dem Zimmer. Sie würden später viel zu erklären haben. Onno wartete oben in der Luke auf ihn. Lukas reichte ihm den Computer und erklomm die paar Stufen. Mit vereinten Kräften schlossen sie die Öffnung mit der Klapptür. Niemand sollte sie stören.
Lukas startete den Laptop und suchte Marcels YouTube-Kanal. Das Erpresser-Video war der aktuellste Beitrag. Wieder und wieder schauten sie es sich an, aber sie konnten nichts Auffälliges entdecken. Es war eindeutig Marcels Baseballkappe, mehr war nicht zu sehen.
Beim fünften Mal konzentrierten sie sich auf den Sprecher, aber die Stimme war so verzerrt, dass sie sich nicht einmal sicher sein konnten, ob es sich um eine männliche oder eine weibliche Person handelte.

Eine Weile suchten sie im Netz nach neuen Nachrichten über Marcel, aber niemand schien bisher von der Lösegeldforderung Kenntnis genommen zu haben. Deutschland schlief noch.
„Fünftausend Euro. Das ist doch lächerlich“, sagte Onno, nachdem sie den Laptop frustriert geschlossen hatten. „Ich glaube zwar nicht, dass Marcel so reich ist wie manch anderer YouTuber, aber fünftausend sind eine Beleidigung.“
„Vielleicht wissen die Entführer gar nicht, mit wem sie es zu tun haben?“, überlegte Lukas.
„Ach was.“ Onno wischte seinen Einwand mit einer Handbewegung zur Seite. „Sie kennen seinen Kanal auf YouTube, da wissen sie sicher auch, wer und was er ist.“
Sie diskutierten eine Weile, kamen aber zu keiner Lösung. Allmählich erwachte das Haus. Duschen waren zu hören und Toilettenspülungen, irgendwo fiel etwas Schweres zu Boden.
„Auweia, da ist wohl jemand aus dem Bett gefallen“, bemerkte Lukas und freute sich, weil Onno kicherte.
Sie gingen hinunter in den Frühstücksraum und warteten ungeduldig, dass sich von den Erwachsenen jemand blicken ließ. Ausgerechnet heute mussten sie so lange schlafen!
Karolina war wie üblich die Erste. Während sie die Tische überprüfte und die Kaffeemaschine in Gang setzte, holte Viktor den Sack mit den Brötchen herein, den der Lieferjunge vom Bäcker jeden Morgen vor die Tür stellte. Kaffeeduft durchzog den Raum. Karolina kochte Kakao für die Jungs und brachte ihnen mit den dampfenden Tassen auch zwei Croissants.

8.

Ein unerwartetes Wiedersehen

Als erstes tauchten Richard und Kirsten auf. „Ihr seid schon wach?“, wunderten sie sich.

Lukas klärte sie über die neue Sachlage auf. „Wir warten nur auf Bent“, sagte er und schob schnell nach, dass sie bereits gegessen hätten.

Wie aufs Stichwort erschien Bent, trank einen Espresso und sagte zu den Jungs: „Na, dann los.“ Sie holten die Fahrräder und fuhren zur Polizeistation, wo es ein paar Minuten dauerte, bis Gabi ihnen die Tür öffnete. Sie hielt ein Handy am Ohr und sagte mehrmals: „Ich weiß.“ Aus dem Apparat ertönte eine hektische Stimme. Sie zeigte auf das Telefon, verdrehte die Augen und winkte sie herein.

„Ja, ich habe es verstanden“, sagte sie zu dem Anrufer. „Ich muss jetzt auflegen, damit ich die Kollegen aus Aurich verständigen kann. – Vielen Dank, das war genau richtig. – Schönen Tag noch.“

Sie nahm das Handy vom Ohr und wischte nach links, um das Gespräch zu beenden. „Puh“, machte sie und rieb sich das Ohr. „Seit einer Stunde steht das Telefon nicht still, und die Mailbox quillt über.“

„Konntest du mit dem Video etwas anfangen?“, wollte Bent wissen.

„Ich nicht, aber ich habe es natürlich sofort an die Experten weitergeleitet“, sagte sie.

„Und was hältst du davon?“

Gabi wiegte den Kopf. „Schwer zu sagen. Auf den ersten Blick wirkt es wie ein schlechter Witz. Aber natürlich müssen wir der Sache nachgehen.“

„Wollten Sie nicht die Kollegen in Aurich verständigen?“, platzte Onno dazwischen.

Gabi lächelte. „Das ist längst erledigt. Ich habe sie bereits heute Nacht alarmiert. Ich bin für so etwas nicht ausgebildet. Es wird eine BAO geben.“

„Eine was?“, fragte Onno.

„BAO heißt Besondere Aufbauorganisation. Ihr kennt das wahrscheinlich eher unter dem Begriff SOKO“, erklärte die Polizistin. „Die BAO besteht aus Fachleuten, die sich mit solchen Fällen auskennen. Hier also mit Entführungen.“

„Und wann kommen die?“, wollte Onno wissen.

„Sie sind bereits unterwegs, zumindest ein Teil von ihnen“, erklärte Gabi. „Ich stehe mit ihnen in Verbindung.“

Das Telefon klingelte, aber die Polizistin wischte den Anruf weg.

„Und wenn das einer der Experten war?“, fragte Lukas.

„Keine Bange, wir nutzen eine andere Leitung“, sagte Gabi. „Ich weiß, ihr wollt eurem Freund helfen. Aber ihr müsst das wirklich den Fachleuten überlassen. Es gibt nichts Gefährlicheres als Entführer, die sich in die Enge getrieben fühlen. Das könnte Marcels Leben gefährden. Und das wollt ihr doch nicht, oder?“

Sie schaute Lukas und Onno ernst an. Beide schüttelten folgsam die Köpfe.

„Gut“, sagte sie. „Ich muss mich jetzt noch um einiges kümmern, deshalb wäre es gut, wenn ihr geht.“ Sie brachte sie zur Tür. „Und keine Alleingänge, verstanden?“

„Klar“, antwortete Lukas, während Onno nur knapp nickte.

Vor der Station diskutierten sie mit Bent, was sie noch tun könnten, aber er schloss sich der Warnung an: Sie durften nichts unternehmen, um nicht Marcels Leben zu gefährden. Sie mussten es Bent sogar versprechen.

„Natürlich machen wir nichts, was ihm schaden könnte“, murrte Onno.

Sie fuhren zurück zum Hotel, wo sie schon sehnsüchtig erwartet wurden. Alle schlossen sich Gabis und Bents Meinung an, woraufhin Onno sagte: „Ich gehe nach oben, ich habe keinen Hunger.“

Lukas blieb ein paar Minuten am Frühstückstisch sitzen, aber er machte sich Sorgen um seinen Freund und folgte ihm schließlich.

Onno saß im Schneidersitz auf der Matratze, vor sich Richards Laptop. Lukas hörte die verzerrte Stimme des Entführers.

„Hast du etwas Neues entdeckt?“, fragte er.

„Nein“, erwiderte Onno düster. „Aber ich kann nicht nichts tun.“

Das konnte Lukas gut nachvollziehen. Zur Untätigkeit verdammt zu sein, löste in ihm ein Gefühl der Hilflosigkeit, ja, der Nutzlosigkeit aus.

„Lass uns zum Hafen fahren“, schlug er vor. „Vielleicht kommen die Experten mit der Fähre.“

„Und dann? Willst du sie beschatten?“, fragte Onno.

Lukas zögerte. Er wusste selbst nicht, was sie am Hafen sollten. Aber alles war besser, als hier herumzusitzen.

„Keine Ahnung“, gab er offen zu. „Ich weiß nicht mal, ob wir sie erkennen würden. Ich weiß nur, dass ich nicht hier rumhängen will.“

Onno seufzte. „Na gut.“

Während Onno den Erwachsenen mitteilte, dass sie mit den Rädern unterwegs sein würden, brachte Lukas den Laptop zurück, den bisher niemand vermisst hatte.

Ohne es zu verabreden, fuhren sie auf kürzestem Weg zum Hafen. Die Fähre war bereits zu sehen und würde in einigen Minuten anlegen. Die bunten Bahnwaggons standen bereit, um die neuen Gäste ins Dorf zu bringen.

Lukas und Onno stellten sich etwas abseits an den Steg, an dem das DGzRS-Boot *Secretarius*, das Rettungsschiff der *Deutschen Gesellschaft zur Rettung Schiffbrüchiger*, auf den nächsten Einsatz wartete.

Bunt gekleidete Touristen strömten von Bord; Polizeiexperten schienen auf den ersten Blick nicht darunter zu sein.

„Vielleicht kommen sie mit dem Flugzeug", mutmaßte Lukas.

Onno stieß ihn an. „Schau mal. Ist das nicht ...?" Er zeigte in Richtung der Bahn.

Lukas kniff die Augen zusammen. In dem Gewusel fiel ihm eine blonde Frau auf, die neben zwei Männern herlief. Einer der Männer trug eine große Kamera. „Bianca?“, fragte er.
„Sieht so aus“, bestätigte Onno. „Ob sie etwas weiß?“
„Das sollten wir herausfinden“, meinte Lukas.
Sie liefen zu ihren Rädern und fuhren das kurze Stück zur Bahn. Es war eindeutig die Reporterin, die sie auf Spiekeroog kennengelernt hatten. Sie war gerade dabei, in die Bahn zu steigen.
„Bianca!“, rief Onno.
Sie zögerte, schaute sich um, schien niemanden zu sehen, den sie kannte, betrat die Plattform und den Waggon, gefolgt von den beiden Männern, die Lukas nicht kannte.
Der Typ mit der Kamera kämpfte ein paar Sekunden damit, nirgends mit dem großen Gerät anzustoßen; schließlich schaffte er es unfallfrei in den Waggon.
Onno trat heftig in die Pedale, Lukas folgte ihm. Als sie den Zug erreichten, ließen sie die Räder achtlos fallen und rannten zum Waggon. Onno klopfte gegen das Fenster, hinter dem Bianca saß.
Sie brauchte ein paar Sekunden, dann erhellte sich ihre Miene. Sie sprang auf und kam auf die Plattform.
„Das ist mal ein Zufall!“, rief sie und reichte ihnen die Hand.
„Bist du wegen Marcel hier?“, wollte Lukas wissen.
„Ähm, ja, woher wisst ihr …“, begann sie, schlug sich dann gegen die Stirn. „Ach natürlich! Ihr seid die beiden, die er hier auf der Insel treffen wollte. Ich hätte eins und eins zusammenzählen sollen.“
„Folgst du ihm etwa?“, fragte Onno verblüfft.

Bianca lachte. „Nein, dafür bin ich wohl etwas zu alt. Ich habe durch den Veranstaltungskalender davon erfahren. Für uns ist alles interessant, was hier auf den Inseln geschieht. Ich habe ein paar seiner Videos angeschaut, um mich auf einen Artikel vorzubereiten. Er scheint ein beeindruckender junger Mann zu sein."

Ein gellender Pfiff schallte durch die Luft, gleichzeitig wurde die Abfahrt des Zuges angekündigt. „Warum kommt ihr nicht mit, und wir unterhalten uns?", schlug die Reporterin vor.

„Wir sind mit dem Fahrrad da", erwiderte Onno. „Aber wir können uns am Bahnhof treffen. Gleich daneben ist ein Café. Es gibt dort superleckeren Milchreis."

„Ja, dann." Bianca lächelte und schaute auf die Uhr. „Sagen wir um halb zwölf? Ich muss vorher noch etwas erledigen."

Die Jungs stimmten zu und winkten, als die Bahn losfuhr.

„Ob sie Informationen hat?", überlegte Onno laut.

„Über Marcels Verschwinden?", fragte Lukas.

Der Freund nickte.

„Warum sollte sie mehr Informationen haben als die Polizei?"

„Weil manche Leute schon immer berühmt sein wollten und sich an die Presse wenden", erklärte Onno.

Das klang einleuchtend. „Wir werden es hoffentlich bald erfahren", erwiderte Lukas.

Gemächlich fuhren sie zurück zum Dorf. Sie stellten die Räder am Bahnhof ab und liefen durch die Hauptstraße ins Ortszentrum. Dabei hielten sie Ausschau nach etwas Verdächtigem, aber alles schien völlig normal zu sein.

Lukas fiel plötzlich ein, dass sie die Polizeiexperten vollkommen vergessen hatten.

„Wie du schon sagtest: Vermutlich haben wir sie gesehen, aber nicht erkannt. Ich schätze, sie tragen kein Schild um den Hals, das sie als Experten ausweist“, sagte Onno.

Lukas lachte. „Das wäre zu einfach. Oder völliger Blödsinn. Denn jeder würde wissen, wer sie sind, und das wäre für die Ermittlungen wahrscheinlich nicht hilfreich.“

„Eben“, gab Onno lakonisch zurück.

Um halb zwölf kehrten sie zum *Info Café* am Bahnhof zurück, wo Bianca bereits auf sie wartete. Sie saß in einem der Strandkörbe vor dem Café und löffelte genussvoll Milchreis.

„Superlecker“, bestätigte sie.

Als die Bedienung kam, bestellte Onno zwei große Portionen und zwei Becher heiße Schokolade. Immerhin war ihr Frühstück Stunden her, und sie hatten jeder nur ein Croissant gegessen.

Bianca ließ sie essen und fragte dann: „Was wisst ihr?“

Lukas schilderte in knappen Worten Marcels Einladung, das Zusammentreffen am Strand und sein Nicht-Erscheinen bei der Veranstaltung. „Heute Morgen haben wir das Video entdeckt“, endete er.

„So in etwa ist auch mein Wissensstand“, sagte Bianca. „Was sagt die Polizei?“

Lukas zögerte, aber Onno antwortete: „Sie setzen eine BAO ein.“

Bianca nickte. „Ist zu erwarten bei einer Entführung.“

Onno sah ruckartig auf. „Du weißt, was eine BAO ist?“, fragte er und runzelte die Stirn.

Bianca lachte. „Es ist mein Job, so etwas zu wissen. Habt ihr eine Vermutung, was passiert sein könnte?"

„Nein", sagten Onno und Lukas gleichzeitig. Letzterer fügte hinzu: „Wir hoffen nur, dass es ihm gut geht."

„Das hoffen wir alle", bestätigte Bianca. „Ihr wisst, was inzwischen im Netz los ist?"

Da sie seit einigen Stunden nicht mehr online gewesen waren, schüttelten beide den Kopf.

„Boshafte Menschen behaupten, dass Marcel alles nur inszeniert hat, um mehr Abonnenten zu gewinnen."

„WAAAAS?"

9.

Eine heiße Spur!

Den ganzen Rückweg über schimpfte Onno vor sich hin. „Das ist doch die Höhe! Marcel hat das gar nicht nötig, wieso sollte er so etwas tun?“

Lukas unterließ es, den Freund darauf hinzuweisen, dass Marcel viele Follower verloren hatte, seit er weniger über Games und mehr über Umweltprobleme sprach. Aber er glaubte auch nicht, dass der YouTuber eine Entführung inszenieren würde. Andererseits – konnte man jemanden aus dem Internet wirklich kennen? Auch wenn Marcel einen ehrlichen Eindruck gemacht hatte, hieß das noch lange nicht, dass er ein vertrauenswürdiger Mensch war. Auf der Videoplattform war doch vieles nur Show.

Lukas ließ seinen Freund schimpfen und nahm sich vor, so bald wie möglich dazu zu recherchieren.

Sie hatten sich noch eine Weile mit Bianca unterhalten, aber nichts erfahren, was sie nicht schon wussten. Umgekehrt war es genauso gewesen. Die Reporterin hatte sie gebeten, sie anzurufen, wenn sie Neuigkeiten hätten.

„Ich verspreche, dass ich nichts tun werde, was ihm schadet“, hatte sie mehrmals beteuert.

Dennoch blieb Lukas skeptisch. Lebte die Presse nicht vor allem davon, dass sie angeblich Sensationelles zu berichten hatte? Bei ihrer ersten Begegnung auf Spiekeroog hatte Bianca nicht unbedingt einen seriösen Eindruck hinterlassen.

Im Hotel gab es auch nichts Neues. Der Rest der Familie war wie üblich am Strand; immerhin waren sie auch deswegen hierhergekommen.
Die Jungs stiegen nach oben in ihr Reich und suchten im Internet nach den Gerüchten, von denen Bianca erzählt hatte. Tatsächlich mehrten sich die Stimmen, die Marcel unterstellten, selbst der Drahtzieher der Aktion zu sein. Nicht wenige hatten seinen YouTube-Kanal nun nicht mehr abonniert.
Onno schnaubte. „So viel zum Thema, dass er selbst dahintersteckt, um mehr Follower zu bekommen."
Nach einer guten Stunde – es war bereits Nachmittag – bekamen sie Hunger. Sie packten ihr Badezeug ein, erhielten von Karolina ein großes Proviantpaket, fuhren zum Strand und machten sich auf die Suche nach dem Rest der Familie.
Nachdem die belegten Brote verteilt waren, berichteten sie von ihrem Treffen mit Bianca. Richard teilte Lukas' Bedenken bezüglich der Presse.
„Man erlebt es oft genug, dass Menschenleben riskiert werden, weil die Presse sich nicht an die Vorgaben der Polizei hält", sagte er.
„Es gibt durchaus auch Reporter, die ihren Job anständig machen", wiegelte Opa Frank ab. Als Onno die Gerüchte um Marcel erwähnte, sagte er: „Das kann ich mir nicht vorstellen. Er wirkte sehr ehrlich auf mich."
Lukas wäre Frank am liebsten um den Hals gefallen.
Als die Erwachsenen begannen, eine Diskussion über die Glaubwürdigkeit der Presse im Allgemeinen und des Internets im Besonderen zu führen, zogen sich die Jungs mit Viola zurück. Lukas war müde und hätte gern etwas geschlafen. Onno hingegen daddelte auf seinem Handy herum.

Viola, der langweilig war, setzte sich neben ihn in den Sand und schaute zu. „Den kenne ich“, rief sie plötzlich und deutete auf das Display.

„Wen?“, fragte Onno.

„Na den“, krähte Viola vergnügt. „Den habe ich vorhin gesehen.“

„Ähm“, machte Onno. „Das kann nicht sein.“

„Doch“, behauptete Viola und zog einen Flunsch. „Er hatte genau diese Mütze auf.“

„Wassn los?“, mischte Lukas sich träge ein.

„Viola hat Marcel gesehen“, sagte Onno.

Lukas war sofort hellwach. „Wo?“, fragte er seine Stiefschwester.

„Im Dorf“, erwiderte sie.

„Wo im Dorf?“, hakte Lukas nach.

Viola dachte nach, schüttelte dann den Kopf so heftig, dass ihre langen Haare hin- und herflogen. „Weiß ich nicht mehr.“

„Du bist sicher, dass es dieser Typ war?“ Onno hielt ihr das Handy hin. Auf dem Display war Marcels Kopf mit der berühmten Baseballkappe zu sehen.

„Es war die Kappe“, sagte Viola.

„Und der Mann?“ Onno ließ nicht locker. „War das Marcel? Du hast ihn doch am Montag gesehen. War er es?“

Viola schwieg lange und flüsterte schließlich: „Ich weiß es nicht.“ Ihre Stimme zitterte.

Lukas nahm sie in den Arm. „Ist nicht schlimm. Wir finden ihn“, sagte er. „Du bist ganz sicher, dass du die Kappe gesehen hast?“, fragte er dennoch noch einmal.

„Hundertprozentig.“

„Okay, super", sagte Lukas und drückte sie. „Kannst du ihn beschreiben? War er groß oder klein? Dick oder dünn?"
Viola schloss die Augen und zog die Nase kraus, so intensiv dachte sie nach.
„Er war eher groß", sagte sie schließlich. „So wie Papa. Und eher dünn."
Lukas warf Onno einen vielsagenden Blick zu. Das traf auf Marcel zu.
„Weißt du auch, wie alt er war? Eher wie die Jungs, die dort Volleyball spielen? Oder eher wie Papa?"
„Älter als Papa", erwiderte Viola nun, ohne zu zögern.
Lukas sackte zusammen. Das passte nicht zu Marcel. Er zog seine Schwester noch einmal an sich und drückte sie. „Das war klasse, das hilft uns mit Sicherheit." Zu Onno sagte er: „Wir müssen diesen Mann finden."
Sie sprangen auf und schlüpften in ihre Shorts. Als Richard sich wunderte, erklärte Lukas ihm die neue Situation.
„Lasst das die Polizei machen", sagte er.
„Zunächst mal müssen wir ihn finden", sagte Lukas leise, damit Viola es nicht hörte. Aber natürlich hatte sie Ohren wie ein Luchs.
„Ihr glaubt mir nicht", sagte sie schmollend.
„Doch, wir glauben dir", bekräftigte Lukas. „Aber bevor wir zur Polizei gehen, müssen wir ihn selbst gesehen haben." Er hoffte, seine Schwester würde nicht nach dem Grund fragen, denn er wusste keinen.
„Kann ich mitkommen?", fragte sie stattdessen.
Bevor Lukas etwas erwidern konnte, erinnerte Richard sie daran, dass sie später den Vogel-Zivi besuchen wollten.
Zu Lukas' Erleichterung war Violas Tierliebe größer als ihre Abenteuerlust. Onno und er liefen zu ihren Rädern zurück und fuhren die kurze Strecke

N
W
E

zum Ort, wo sie die Fahrräder am Rande der Fußgängerzone ordentlich abstellten und zu Fuß loszogen.

„Hier geht's zu wie auf dem Jahrmarkt", spottete Onno. Tatsächlich war die Barkhausenstraße voll mit Touristen auf der Suche nach einem Platz im Café oder einem Souvenir von der Insel.

„Wie sollen wir da jemanden finden?", klagte Lukas.

„Am besten trennen wir uns. Wenn einer was sieht, schickt er dem anderen eine Nachricht", schlug Onno vor.

„Gute Idee."

Lukas würde die Barkhausenstraße übernehmen, während Onno sich beim *Haus der Insel* umsehen sollte. In einer halben Stunde wollten sie sich beim Lale-Andersen-Denkmal treffen.

Gesagt, getan. Lukas schaute zunächst dem Freund nach, setzte sich dann selbst in Bewegung und hielt Ausschau nach Marcels auffälliger Baseballkappe. Die meisten Menschen trugen eine dunkle, die konnte er von vornherein ausschließen.

Aber es gab auch erstaunlich viele, die eine ähnliche Kappe wie Marcel trugen. Wenn er genauer hinsah, sah er zwar sofort, dass das Gelb ganz anders war als bei Marcel, aber auf den ersten Blick, noch dazu bei strahlendem Sonnenschein, waren die Farbtöne zunächst nicht zu unterscheiden.

Violas Beschreibung war sehr hilfreich. Dumm nur, dass es gerade sehr viele große, schlanke, ältere Männer zu geben schien.

Da er selbst eine Baseballkappe trug, war es einfach, die Kopfbedeckungen der in Frage kommenden Männer unauffällig zu taxieren. Keine stimmte mit Marcels überein.

Sein Handy vibrierte.

„Ich hab ihn", lautete Onnos Botschaft. „Er geht in deine Richtung."

Lukas wandte sich um und starrte in die Richtung, aus der der Gesuchte kommen sollte. Er fragte sich, was sie tun sollten. Ihn aufhalten und befragen? Ganz sicher nicht.

Er entdeckte Onnos rote Baseballkappe, nicht aber die sonnengelbe von Marcel. Er hob die Schultern, um dem Freund zu zeigen, dass er niemanden sah, auf den die Beschreibung passte.

Onno deutete nach links, Richtung Supermarkt. Lukas lief ihm entgegen.

„Er ist da rein", sagte Onno und zeigte erneut auf den Laden.

„Und jetzt?"

„Gehen wir auch rein", bestimmte Onno.

Sie entdeckten ihn im Gang mit den Reinigungsmitteln.

‚Er will Spuren verwischen', schoss es Lukas durch den Kopf.

Der Mann stand mit dem Rücken zu ihnen, aber es war ihm sofort klar, dass es sich nicht um Marcel handelte. Die Haltung des Mannes war viel gebeugter.

Onno griff wahllos in ein Regal und hielt einen WC-Reiniger in der Hand.

Lukas grinste.

Der Mann mit der gelben Kappe schien sich nicht entscheiden zu können und nahm nichts. Er ging weiter zu den Backwaren, stand auch dort ein paar Minuten vor dem Regal mit Mehl und Zucker, legte aber auch hier nichts in den Korb, den er in der Hand hielt.

„Was will der hier?", flüsterte Lukas.

„Keine Ahnung", gab Onno leise zurück. Er hielt sein Handy hoch und schoss ein paar Fotos. Leider war das Gesicht des Mannes auf keinem zu sehen.

„Mist“, schimpfte Onno.

Der Mann lief ein paar Schritte weiter und packte Nudeln und Tomatensauce in den Korb, außerdem drei Flaschen Bier.

„Gesunde Ernährung“, spottete Onno.

Als sie zu den Kassen kamen, hatte sich eine lange Schlange gebildet. Die Kassiererin und eine Kundin stritten lautstark über einen Preis. Die Frau an der Kasse bot an, das Geld zu erstatten, aber die Kundin schien lieber streiten zu wollen.

Die Kunden hinter ihr begannen zu murren und zu schimpfen.

Endlich wurde eine neue Kasse geöffnet, und es gab eine Rangelei, weil sich einige Leute vordrängen wollten.

Onno und Lukas sahen, wie das Objekt ihrer Beobachtung den Korb achtlos auf den Boden stellte und den Supermarkt verließ, ohne etwas gekauft zu haben. Onno stellte den WC-Reiniger in das nächste Regal. Sie drängten sich an den Wartenden vorbei hinaus und sahen den Mann Richtung Hauptstraße laufen.

Dank der Kappe war es leicht, ihm in sicherem Abstand zu folgen. Zunächst schien er es eilig zu haben, doch dann wurde er langsamer und blieb sogar an zwei Schaufenstern stehen. Lukas bezweifelte, dass er sich tatsächlich die Auslage ansah, denn bei dem einen Geschäft handelte es sich um einen Juwelier, bei dem anderen um einen Zeitungsladen.

Es schien, als warte er auf etwas oder jemanden. Als er sein Handy hochnahm und telefonierte, wussten sie, worauf.

„Wenn wir jetzt mithören könnten“, klagte Onno.

Das Telefonat dauerte keine Minute, dann marschierte der Mann zielstrebig zur Hauptstraße weiter.

Lukas und Onno folgten ihm, als er nach rechts Richtung *Wasserturm* abbog. „Vielleicht geht er zur Polizei“, sagte Onno und kicherte.
In diesem Moment lief ihnen eine Dreijährige mit einer großen Eistüte vor die Füße. Sie stoppte so abrupt, dass sie stolperte und hinfiel. Das Eis landete auf dem Boden, was großes Geschrei auslöste.
Die besorgte Mutter kam angelaufen, hob das Kind hoch und schaute die beiden Jungs vorwurfsvoll an.
„Wir haben nichts gemacht“, sagte Onno und zog Lukas mit sich. „Verdammt“, sagte er kurz darauf.
„Was ist?“, fragte Lukas, der sich noch einmal nach Mutter und Kind umgedreht hatte.

„Der Typ ist weg.“
„Was?“
„Er ist weg“, sagte Onno wütend.
Sie liefen die Hauptstraße auf und ab und bogen in alle Seitenstraßen ein. Nirgends war ein Mann mit gelber Kappe zu sehen.
Resigniert ließen sie sich auf der Mauer beim Lale-Andersen-Denkmal nieder
„Verflixt“, schimpfte Onno. „Und jetzt?“

10.

Verfolgungsjagd

„Wir gehen zu Gabi“, beschloss Lukas. „Und diesmal brauchen wir keinen Erwachsenen.“

Sie liefen das kurze Stück zur Polizeistation und klingelten Sturm.

„Ja, ja, ja, ich komme schon“, rief Gabi, als sie die Tür öffnete. „Ach, ihr seid es. Kommt rein.“

Lukas und Onno folgten der Polizistin. Aus dem zweiten Raum waren Stimmen zu hören, doch bevor sie einen Blick hineinwerfen konnten, schloss Gabi die Tür.

„Vermutlich habt ihr auch Marcel gesehen“, sagte sie und nahm hinter ihrem Schreibtisch Platz.

Die Jungs schauten einander verblüfft an.

„Er wurde gesehen?“, wollte Onno wissen.

Gabi deutete auf ihren Schreibtisch, auf dem ein paar Zettel lagen. „Ich habe mindestens fünfzehn Anrufe erhalten. Jeder will den jungen Mann gesehen haben.“

„Wir haben nur seine Kappe gesehen“, sagte Lukas. Während er von Violas Entdeckung und ihrer vergeblichen Verfolgung des Mannes erzählte, zeigte Onno der Polizistin die Fotos.

„Sind leider nicht brauchbar“, sagte er.

„Nein, das ist gut“, widersprach sie. „Du glaubst gar nicht, was man heutzutage alles herausholen kann. Darf ich?“ Sie hielt die Hand auf. Onno zögerte, legte dann jedoch sein Handy hinein.

„Danke. Du bekommst es sofort wieder."

Sie ging nach nebenan und kam tatsächlich nach zwei Minuten wieder. „Danke", sagte sie erneut und gab Onno das Telefon zurück. „Die Fotos werden ausgewertet."

„Was kann man damit denn anfangen?", wollte Lukas wissen.

„Man kann die Größe des Mannes bestimmen, das Gewicht und vermutlich sogar das Alter." Gabi seufzte. „Ich bin keine Expertin, aber da geht heutzutage ziemlich viel." Sie warf ihnen einen strengen Blick zu. „Und ihr haltet euch ab sofort komplett raus, verstanden? Eine Entführung ist nichts für Kinder", sagte sie eindringlich. Versöhnlicher fügte sie hinzu: „Aber es war gut, dass ihr gekommen seid. Jetzt wissen wir, dass wir nicht nach Marcel selbst suchen müssen."

Das Telefon klingelte. Sie seufzte. „Wie ihr seht, geht's hier rund." Sie nahm das Telefonat an, lauschte kurz, hielt dann das Mikrofon zu und sagte: „Ich melde mich bei euch, wenn wir etwas entdecken. Versprochen. Aber ich muss weiterarbeiten."

Lukas und Onno verließen die Polizeistation und beratschlagten vor der Tür, was sie jetzt machen sollten. „Die Experten sind offensichtlich da", sagte Lukas. „Wir sollten das wirklich den Profis überlassen."

Langsam schlenderten sie zur Hauptstraße zurück. Lukas wollte in die Buchhandlung gehen. „Vielleicht haben sie ein spannendes Abenteuerbuch", sagte er und grinste.

„Als ob wir nicht selbst genug Abenteuer hätten", erwiderte Onno lachend. Plötzlich stockte er und stupste Lukas an. „Da ist er", sagte er leise und zeigte zu dem Laden gegenüber der Buchhandlung. Lukas sah sofort, wen er meinte. Die sonnengelbe Kappe war nicht zu übersehen.

Der Mann stand mit dem Rücken zu ihnen und telefonierte. „Wenn wir nur endlich mal sein Gesicht sehen könnten", klagte Lukas.
Der Mann beendete das Telefonat, schaute sich kurz um, als suche er jemanden, und bog schließlich in den Rudolf-Eucken-Weg ein. Lukas und Onno ließen etwas Zeit verstreichen, ohne ihn aus den Augen zu lassen, und folgten ihm dann in gebührendem Abstand. Der Mann schritt zügig voran. In dieser Ecke des Dorfes waren nur wenige Menschen unterwegs, und sie mussten den Abstand größer werden lassen. Aber dank der Kappe war der Verdächtige gut zu sehen.
Über die Mittelstraße gelangten sie in die Kirchstraße.
„Er geht Richtung Wäldchen", sagte Onno.
„Oder zum Hafen", entgegnete Lukas. „Dort drüben ist übrigens das tolle Restaurant."
Onno machte ein würgendes Geräusch.
Der Mann überquerte die Friesenstraße. Jetzt waren nur noch vereinzelt Radfahrer unterwegs, und Lukas und Onno ließen sich noch weiter zurückfallen, damit er sie nicht bemerkte. Aber er schien gar nicht auf den Gedanken zu kommen, dass er verfolgt wurde, denn er drehte sich kein einziges Mal um.
Als er auch den Süderdünenring überquerte und weiter in die Störtebekerstraße lief, war klar, dass nicht der Hafen sein Ziel war. Linkerhand lag das Seniorenwohnheim *bliev hier*. Vor dem Haus standen zwei alte Damen mit Rollatoren. Als sie den Mann ansprachen, blieb er kurz stehen, wechselte ein paar Worte mit ihnen, deutete dann in Richtung Wäldchen und lief weiter. „Ob er von der Insel ist?", fragte Lukas. „Die beiden Frauen scheinen ihn zu kennen."

Onno zuckte mit den Schultern. Während sie sich den beiden Damen näherten, überlegten sie, ob es Sinn ergeben würde, sie nach dem Mann zu fragen. Sie beschlossen, darauf zu verzichten. Alte Menschen waren manchmal etwas langsam und umständlich. Womöglich würde er ihnen wieder entwischen, und das wollten sie keinesfalls riskieren.

Gerade bog er rechts in die Straße Am Wald ein. Lukas und Onno rannten zur Abzweigung, um zu sehen, ob er etwa in einem der Häuser verschwand. Sie sahen gerade noch, wie der Mann einen Weg auf der linken Seite betrat.

„Ist dort nicht die Gartenkolonie?“, fragte Onno.

„Keine Ahnung“, erwiderte Lukas. „Ich kenne mich hier gar nicht aus.“

Vorsichtig schlichen sie ihm nach und gelangten tatsächlich nach kurzer Zeit zu alten, holprigen Betonstraßen, die im Zickzack-Kurs zur Kleingartenanlage führten. Auf einer der Bänke, die entlang des Zauns standen, saß eine Frau und las. Ihr Rad hatte sie so vor sich abgestellt, dass sie die Füße darauf abstützen konnte.

Der Mann nickte ihr zu, tippte kurz mit der Hand an seinen Kopf, lief zur Eingangstür der Anlage und betrat sie.

„Und jetzt?“, fragte Lukas.

„Rufe ich Bent an, und du folgst ihm“, sagte Onno und zog sein Handy heraus. „Sobald du weißt, in welchem Garten er ist, meldest du dich.“

„Okay.“

Sie gaben sich ein nachlässiges High Five.

Als die Frau auf der Bank aufschaute, nickte Lukas ihr ebenfalls zu. Mit klopfendem Herzen ging er zu dem kleinen Gittertor in der Erwartung, es versperrt vorzufinden. Zu seiner Erleichterung öffnete es sich, als er die

Klinke drückte. Er warf einen Blick zurück auf die Frau, die wieder in ihr Buch vertieft war und sich nicht für ihn interessierte.
Vorsichtig betrat er die Gartenanlage; der Mann war nicht mehr zu sehen. Lukas verfiel in einen leichten Laufschritt. Irgendwo musste der Typ doch stecken. Sobald er an einem Garten vorbeikam, stoppte er und drückte auf die Klinke der Gartentür. Alle waren verschlossen.
Er war schon fast am anderen Ende angelangt, als in seinen Augenwinkeln etwas Gelbes blitzte. Lukas wandte sich um und entdeckte ihn nur ein paar Meter weit von sich entfernt. Zum Glück stand er wieder mit dem Rücken zu ihm. Er telefonierte und gestikulierte dabei wild mit den Armen. Als er sich plötzlich einmal um die eigene Achse drehte, duckte Lukas sich, aber er war sich nicht sicher, ob der Mann ihn nicht trotzdem entdeckt hatte.
„Verflixt", murmelte er und richtete sich vorsichtig auf. Im Schutz der Hecke, hinter der er stand, schob er seinen Kopf nach oben und sah sich um. Keine gelbe Kappe weit und breit. So ein Mist. Hatte er ihn schon wieder verloren?
„Was machst du da?", ertönte im selben Moment eine männliche Stimme hinter ihm.
Lukas fuhr herum. Der Mann stand bedrohlich nah vor ihm.
„Ähm, ich ... ähm", stotterte Lukas. In seinem Kopf schwirrten Millionen Gedanken. Wenn nur Onno bei ihm wäre!
„Ich, ich suche meinen Freund. Onno heißt er. Er hat hier einen Garten, und ich sollte ihn treffen", sagte er unsicher. „Das heißt, natürlich gehört der Garten seinen Eltern."
‚Ich rede Blödsinn', dachte Lukas.

Das schien der Typ auch zu denken, denn er zischte: „Verschwinde. Du hast hier nichts zu suchen."
„Aber ich muss doch meinen Freund treffen", widersprach Lukas unsicher. Er warf einen Blick auf das Gesicht des Mannes. Obwohl dieser mit dem Rücken zur Sonne stand, war Lukas sich sicher, ihn schon einmal irgendwo gesehen zu haben.
Den Verdächtigen schien es nervös zu machen, dass er ihn so neugierig betrachtete.
„Nun geh schon", sagte er, drehte ihn an den Schultern zum Weg und gab ihm einen Schubs. Der fiel so heftig aus, dass Lukas stolperte und mit dem Knie auf einen spitzen Stein fiel.
„Aua!", rief er.
Der Mann fluchte. Während Lukas mit den Tränen kämpfte, weil sein Knie so unglaublich wehtat, tänzelte der Typ ein paar Mal vor seiner Nase hin und her, als könnte er sich nicht entscheiden. Schließlich fluchte er noch einmal, drehte sich um und lief davon. Lukas warf sich der Länge nach zu Boden, um ihn an den Beinen zu fassen, doch der Mann war zu schnell und bereits außer Reichweite.
Ein paar Sekunden lang blieb Lukas liegen und gab sich dem Schmerz hin. Dann fiel ihm der Grund ein, warum er hier war. Marcel lag vermutlich irgendwo gefesselt, und er jammerte wegen eines aufgeschlagenen Knies. Echt jetzt?
Lukas biss die Zähne zusammen und richtete sich auf. So gut es ging, ignorierte er den Schmerz. Als er stand, bewegte er vorsichtig das linke Bein. Es tat immer noch sehr weh, aber es würde gehen.
Langsam humpelte er zu der Stelle, an der er den Mann entdeckt hatte.

Drei Gärten kamen in Frage. Wieder probierte er alle Türen, wieder waren alle verschlossen. Wo war Marcel?
Er zog sein Handy aus der Tasche, das bei dem Sturz zum Glück keinen Schaden genommen hatte, und wählte Onnos Nummer. Als dieser abnahm, sagte Lukas: „Ich hatte ihn, aber er ist weg“ und schilderte dem Freund die Situation.
„Wir sind schon auf dem Weg“, sagte Onno. „Bleib, wo du bist.“
Tatsächlich trafen er und sein Onkel wenige Minuten später ein.
„Du blutest“, stellte Onno fest und deutete auf Lukas' Knie.
Erst jetzt stellte Lukas fest, dass seine Jeans einen rotgeränderten Riss aufwies.
„Ist halb so wild“, erwiderte er und zog eine Grimasse. „Wichtiger wäre es, Marcel zu finden.“
Bent ließ sich noch einmal den Vorfall schildern. Als Lukas erwähnte, dass ihm der Mann irgendwie bekannt vorgekommen war, wurde Onno ganz aufgeregt. „Denk nach. Es muss dir einfallen“, drängte er.
„Lass ihn lieber in Frieden“, mahnte Bent. „Manchmal fällt einem etwas eher ein, wenn man gerade nicht daran denkt. Ich informiere Gabi sie werden die Kolonie sicher durchsuchen. Wenn Marcel hier irgendwo versteckt ist, findet ihn die Polizei.“

11.

Unterm Sternenhimmel

Aber die Polizei fand nichts. Die Gartenkolonie war weiträumig abgesperrt, es wuselte nur so von Polizisten in Uniform, aber auch in Zivil. Im Dorf waren sofort jede Menge Gerüchte im Umlauf: „Sie haben ganz sicher eine Hundestaffel eingesetzt."

„Wer wird denn heute noch mit Hunden arbeiten? Natürlich setzen sie modernste Technik ein. Eine Drohne mit Wärmebildkamera an Bord, das ist das Nonplusultra."

„Nichts geht über die Suche vor Ort. Da wird jeder Winkel, jede Ecke durchkämmt."

Lukas und Onno hatten sich auf die Suche nach Bianca gemacht, in der Hoffnung, sie wisse mehr als die anderen. Aber auch sie hatte keine Informationen. „Es wird eine Presseerklärung geben, sobald sie ein Ergebnis haben", seufzte sie. „Bis dahin müssen wir uns alle gedulden."

Auch Rieke und ihre Tante waren ratlos. „Sie sagen uns nichts. Angeblich, um Marcel nicht zu gefährden." Riekes Miene drückte deutlich aus, was sie davon hielt.

Es war bereits Abendbrotzeit, als die beiden Jungs ins Hotel zurückkehrten. Die Erwachsenen wollten jedes Detail wissen, und obwohl Lukas sich über ihr Interesse freute, wäre es ihm lieber gewesen, sie hätten sich zurückziehen dürfen. Es war so viel passiert an diesem Tag, er musste das erst einmal alles verarbeiten. Außerdem schmerzte sein Knie.

Seine Mutter hatte die Wunde gereinigt und ein Pflaster darauf geklebt, über das Loch in der Jeans verlor sie kein Wort. Als sie zum Abendessen ins Dorf gingen, humpelte Lukas noch ein bisschen.

Auf dem Heimweg sagte Frank, dass er, Beate und Viola sich im *Haus der Insel* noch einen Film ansehen wollten. Richard, Kirsten und die beiden Jungs gingen ins Hotel zurück, wo Lukas über Schmerzen im Knie klagte.

„Leg dich hin und lagere das Knie hoch", sagte Richard. „Wenn heute Nacht was sein sollte, komm zu uns."

Sie wünschten den Erwachsenen eine gute Nacht und stiegen in die Dachkammer hinauf. Lukas ließ sich auf die große Matratze plumpsen.

„Ich bin völlig erledigt", sagte er.

„Was ist mit deinem Knie?", wollte Onno besorgt wissen.

„Das geht schon, das war auch ein bisschen Show", meinte Lukas. „Ich wollte einfach meine Ruhe haben." Dennoch befolgte er Richards Rat und legte sein Bein auf ein Kissen.

Sie hatten bereits vor dem Abendessen Marcels YouTube-Kanal gecheckt, aber außer vielen Kommentaren hatte sich nichts getan. Die meisten Bemerkungen waren positiver Natur, es gab aber auch viele Leute, die Marcel selbst als Drahtzieher hinter der ganzen Aktion vermuteten.

Jetzt fand Onno nur ein paar neue Kommentare.

„Wenn wir nur etwas tun könnten", klagte er und setzte sich neben Lukas auf die Matratze.

Noch einmal gingen sie diesen Tag durch: Mitten in der Nacht war die Lösegeldforderung aufgetaucht. Fünftausend Euro waren wirklich lächerlich. Auch wenn Marcel nicht zu den Topstars zählte oder aus einer reichen Familie stammte, war er definitiv mehr wert.

Und wer sollte ein Interesse daran haben, einen YouTuber zu entführen? Reich zu werden konnte nicht das Ziel sein angesichts der geringen Summe.

„Vielleicht soll es nur so eine Art Warnschuss sein?“, mutmaßte Onno.

„Du meinst, was immer Marcel aufdecken wollte – derjenige will ihm einen Denkzettel verpassen?“

„Wäre ein ziemlich heftiger Denkzettel“, sagte Onno. „Da gäbe es doch andere Möglichkeiten.“

„Zum Beispiel?“ Lukas schaute seinen Freund erwartungsvoll an, aber der zuckte nach einer Weile nur mit den Schultern. „Mir fällt gerade nichts ein“, gab er zu.

Schweigend hingen sie ihren jeweiligen Gedanken nach.

Lukas haderte mit sich wegen seiner Dummheit in der Kleingartenanlage. Hätte er besser aufgepasst und wäre schneller in Deckung gegangen, hätten sie Marcel vielleicht gefunden. Aber so? Andererseits hatte auch die Polizei nichts gefunden – wieso hätten sie mehr Erfolg haben sollen?

„Warum setzt jemand seine Kappe auf?“, wunderte Onno sich. „Ich entführe doch nicht einen Menschen und laufe dann ganz offen mit dessen Markenzeichen herum.“

„Vielleicht weiß er nicht, dass es sich um ein Markenzeichen handelt.“

„Wie kann er das nicht wissen, wenn er Marcel entführt hat?“

„Denkst du, dass mehrere Leute daran beteiligt sind?“

Onno schaute ihn nachdenklich an. „Vielleicht haben sie den Falschen erwischt.“

„Du meinst, Marcel war gar nicht das Ziel?“ Lukas schüttelte ungläubig den Kopf. „Dann wären die Entführer aber selten dämlich.“

„Sonderlich intelligent können sie sowieso nicht sein“, antwortete Onno. „Wer entführt denn jemanden auf einer so kleinen Insel?“

Ein schrecklicher Verdacht schoss Lukas durch den Kopf. „Und wenn Marcel gar nicht mehr auf Langeoog ist? Es wäre ein Leichtes, ihn mit einem Boot wegzuschaffen.“

„Daran will ich gar nicht denken“, sagte Onno bestimmt. „Denn dann werden wir ihn nie finden.“

„Die Polizei hat ihre Methoden“, versuchte Lukas, seinen Freund zu beruhigen.

Onno schüttelte den Kopf. „Ich bin mir fast sicher, dass er noch auf der Insel ist. Es gibt hier unendliche Möglichkeiten, jemanden zu verstecken. Denk nur an die vielen Mulden in den Dünen oder an den Wald. Auf den ersten Blick sieht alles recht klein und übersichtlich aus, aber wenn du jemanden suchst ...“

„Die Absperrung hat ganz schön für Unruhe gesorgt“, sagte Lukas, um ein anderes Thema anzuschneiden. Leider ging das schief, denn im selben Moment fiel ihm ein, dass diese Unruhe nicht nur die Inselbewohner und Touristen aufgeschreckt hatte, sondern womöglich auch den oder die Entführer. Wenn die sich in der Falle wähnten ... Er wollte sich nicht vorstellen, was dann mit Marcel passierte.

„Es ist gut, dass du Marcel nicht erwähnt hast“, sagte Onno. „Der Mann bringt uns hoffentlich nicht mit ihm in Verbindung.“

Sie diskutierten noch eine Weile, schliefen ein, wachten auf und redeten. Doch egal, wie sie es drehten und wendeten – sie wussten nicht weiter.

Über ihnen erstreckte sich erneut ein sternenklarer Himmel. „Dieser Ausblick ist schon der Wahnsinn“, staunte Lukas. „Bei uns zu Hause ist es

viel zu hell. Ich kann froh sein, wenn ich EINEN Stern sehe. Und es ist so ruhig hier. Ich ..."
In diesem Moment ertönte ein brummendes Geräusch. Lukas dachte zunächst an einen Staubsauger oder einen Föhn, aber es war weit nach Mitternacht. Wer sollte um diese Zeit eines der beiden Geräte benutzen?
„Was ist das?", fragte er Onno.
Dieser war aufgesprungen, stand auf Zehenspitzen und starrte zum Fenster hinaus.
„Ich bin mir nicht sicher, aber es klingt wie ..."
„... ein Flugzeug", ergänzte Lukas den Satz des Freundes. Auch er sprang empor und zuckte zusammen, als es einen heftigen Stich in seinem Knie gab. Mit zusammengebissen Zähnen stellte er sich neben seinen Freund.
„Sieht man was?"
Onno schüttelte den Kopf. „Es klingt, als ließe jemand einen Motor warmlaufen." Er öffnete das Fenster und lauschte. Der Lärm war jetzt deutlich zu hören.
Lukas erinnerte sich an die Zeiten, die auf einer Tafel am Flughafen standen: 9–13 Uhr und 15–19 Uhr. Jetzt war ganz sicher keine erlaubte Flugzeit. Das konnte nur bedeuten ...
„Da haut einer ab", stieß Onno hervor und stürmte los. Lukas folgte, so schnell er konnte.
So leise wie möglich rannten sie die Treppe hinunter und hinaus auf die Straße. Zum Glück steckte der Schlüssel in der Hintertür.
Der Lärm wurde lauter, und kurze Zeit später flog ein kleines Flugzeug über ihre Köpfe hinweg Richtung Norden.
‚Ob Marcel darin sitzt?', fragte sich Lukas.

Sie schauten der Maschine nach, bis sie am Horizont verschwunden war.
„Wir sollten zur Polizei gehen“, sagte Onno.
„Die haben das doch auch gehört“, meinte Lukas. „Die arbeiten bestimmt gerade in Schichten rund um die Uhr.“
„Dann müsste bald eine Maschine von der Polizei kommen.“
Aber nichts dergleichen geschah. Die Stille lag wie ein Samtvorhang über der Insel. Bisher hatte Lukas sie als angenehm empfunden, aber jetzt lastete sie schwer auf ihm.
„Und jetzt?“, fragte Onno.
Lukas stellte sich vor, wie sie durch den schlafenden Ort fahren oder laufen würden. Ihm war nicht wohl bei dem Gedanken. Noch dazu schmerzte sein Knie.
„Lass uns bis morgen warten. Der Flieger ist längst über alle Berge – oder vielmehr Meere.“ Er gluckste. „Ich bin sicher, die Polizei weiß längst davon. Irgendwer ist immer wach.“
„Okay“, sagte Onno, und Lukas fragte sich, ob es seinem Freund ähnlich wie ihm ging. Tagsüber einen Mann zu verfolgen war das eine. Aber nachts allein durch einen fremden Ort zu laufen, in dem Entführer ihr Unwesen trieben? Das war eine ganz andere Nummer.
Sie gingen ins Haus und in ihr Zimmer. An Schlaf war jetzt erst recht nicht mehr zu denken. Onno surfte im Internet auf der Suche nach Neuigkeiten und las Lukas vor, was er entdeckte. Viel war es nicht.
„Hier schreibt einer, dass er Marcel in Hamburg gesehen hat. Und hier glaubt jemand dasselbe in Bremen. Und hör dir das an: ‚Ich wusste schon immer, dass Marcel ein Betrüger ist. Nun zeigt er sein wahres Gesicht. Wer sollte, bitte schön, einen Internet-Fuzzi entführen? Für so einen

zahlt doch kein Mensch etwas!‘“ Onno ließ sein Handy sinken. „Was für ein Idiot.“

„Im Netz gibt es eben auch viele Verrückte“, sagte Lukas und gähnte herzhaft. Er schloss die Augen und hörte Onno weiter zu, doch irgendwann war er wohl eingeschlafen, denn als er erwachte, war es taghell. Der Freund lag schlafend neben ihm.

Lukas rüttelte ihn leicht an der Schulter. „He, Onno, aufwachen. Es ist schon acht Uhr. Wir müssen zur Polizei.“

Onno schoss hoch. „Was, wie?“ Er rieb sich die Augen und schaute Lukas fragend an. „Habe ich das geträumt, oder war da ein Flugzeug?“

Lukas bestätigte, dass sie in der Nacht ein Flugzeug gesehen und gehört hatten.

Nach einer schnellen Katzenwäsche liefen sie hinunter in den Frühstücksraum, wo Bent einen letzten Kontrollblick auf die Tische warf.

„Na, schon auf?“, begrüßte er sie. „Oder habt ihr wieder Räuber und Gendarm gespielt?“ Er lachte gutmütig.

„Hätten wir beinahe“, erwiderte Onno und berichtete von dem nächtlichen Vorfall. Bent rief umgehend die Polizei an und erhielt die Bestätigung, dass in der Nacht eine Cessna vom Flugplatz gestohlen worden war.

„Gabi sagt, sie sind dem Flugzeug auf der Spur. Leider wissen sie noch nicht, ob auch Marcel an Bord war.“

„Was heißt das?“, wollte Onno wissen.

„Die Suche geht weiter“, antwortete sein Onkel.

12.

Ein neuer Plan

Während des Frühstücks bestätigte Richard, dass er ebenfalls ein Geräusch gehört hatte.

„Ich hätte nie gedacht, dass es ein Flugzeug ist“, gab er ohne Weiteres zu. Er ließ sich den nächtlichen Vorfall noch einmal genau schildern. „Und was habt ihr heute vor?“, fragte er, als ob es vollkommen klar wäre, dass Lukas und Onno die Hauptermittler in Sachen Marcel seien.

„Was macht dein Knie?“, mischte sich Kirsten ein.

„Es tut fast gar nicht mehr weh“, behauptete Lukas, obwohl er immer noch jede Bewegung spürte.

„Egal, was ihr vorhabt, ich schaue es mir vorher noch einmal an“, erwiderte seine Mutter.

„Wir können doch nichts ausrichten.“ Onno klang bedrückt. „Wenn nicht mal die Polizei ihn findet ...“

Richard stimmte ihm zu. „Gönnt euch einen ruhigen Tag am Strand. Die erste Ferienwoche ist vorüber, und ihr habt euch noch gar nicht erholt.“

Frank und Beate wollten zunächst zum *Wasserturm* gehen und anschließend über die Höhenpromenade zum *Dünenfriedhof*, um endlich das Grab von Lale Andersen anzuschauen. Kirsten würde den neuen Badeanzug kaufen, in den Viola sich verliebt hatte. Die vier zogen eine Stunde später los Richtung Dorfmitte, während Lukas und Onno sich zusammen mit Richard auf den Weg zum Strand machten. Natürlich nicht, ohne vorher das Internet nach Neuigkeiten durchforstet zu haben.

Aber außer neuen Kommentaren und belanglosen Berichten hatten sie nichts gefunden.
Die Jungs schlossen sich einer Gruppe Jugendlicher an, die in der Nähe Boccia spielte, und wurden für eine Weile von ihren Sorgen um Marcel abgelenkt.
Lukas bekam ein schlechtes Gewissen, als es ihm auffiel aber als er es Onno beichtete, sagte dieser, das sei völlig normal.
„Man kann sich nicht immer nur Gedanken machen, man muss auch mal abschalten – sagt mein Opa“, fügte er grinsend hinzu, als Lukas ihn misstrauisch anschaute.
„Und ich dachte schon, du bist über Nacht weise geworden“, feixte Lukas.
„Ich doch nicht“, erwiderte Onno und lachte. Das Kichern verging ihm allerdings schnell, als Rieke auftauchte. Ihre Augen waren rot gerändert, als habe sie die ganze Nacht geweint.
Lukas zögerte, nahm sie dann in den Arm und drückte sie. Onno tat es ihm gleich.
„Weißt du was Neues?“, wollte Lukas wissen.
Rieke schüttelte den Kopf. „Die Polizei hat die Suche bei den Gärten abgebrochen.“
„Was? Wieso denn?“ Lukas war fassungslos.
„Sie haben gesagt, sie hätten wirklich jeden Winkel der Kolonie abgesucht, aber nichts gefunden, was auch nur im Entferntesten an eine Entführung erinnert.“ Sie schluckte. „Das heißt, natürlich haben sie jede Menge Sachen gefunden, die man für eine Entführung oder sogar Schlimmeres verwenden könnte, Seile zum Beispiel, oder Düngemittel, aber ...“ Rieke überließ es den Jungs, sich den Rest auszumalen.

„Es ist den Spuren nach nichts Schlimmeres passiert", sagte Onno beschwörend, aber seine Stimme klang nicht so fest wie sonst. „Entführung ist schon schlimm genug."
Sie saßen im warmen Sand und hingen ihren Gedanken nach. Lukas beobachtete zwei Möwen, die sich um ein Stück Plastik stritten. Am liebsten wäre er zu den Vögeln gegangen und hätte ihnen erklärt, dass es Blödsinn war, sich um etwas zu streiten, das man nicht essen konnte. Genervt sprang er auf.
„Was ist los?", wollte Onno wissen.
„Ich kann nicht faul hier herumliegen", erklärte Lukas.
Onno erhob sich ebenfalls. „Okay. Was sollen wir tun?"
Lukas zuckte mit den Schultern. „Keine Ahnung", gestand er. „Ich weiß nur, dass ich nicht am Strand liegen und abwarten will."
„Wir könnten zu Gabi fahren und fragen, ob es etwas Neues gibt", schlug Onno vor.
„Das würde ich nicht tun", mischte sich Rieke ein. „Sie hat genug zu tun mit all den Leuten von der Spezialeinheit und den Anrufern, die sich wichtigmachen wollen." Als die Jungs sie neugierig anschauten, ergänzte sie: „Mama hat heute Morgen mit ihr telefoniert, und sie hat ihr das alles erzählt. Apropos Mama: Ich muss zurück, ich habe versprochen, ihr in der Pension zu helfen." Sie verabschiedete sich und lief zum nächsten Aufgang, wo sie Minuten später hinter den Dünen verschwunden war.
„Und wir?", fragte Onno.
Lukas hatte den ganzen Morgen über schon das seltsame Gefühl gehabt, dass die Gartenkolonie der Schlüssel zu Marcels Verschwinden sei.
„Ist es bescheuert, nochmal zur Gartenkolonie zu fahren?", fragte er.

„Vermutlich“, erwiderte Onno, schaute ihn aber fragend an.
„Niemand versteckt jemanden an einem Ort, an dem die Polizei sucht, oder?“, spekulierte Lukas weiter.
„Das wäre ziemlich dämlich“, bestätigte Onno.
„Außer ...“, begann Lukas nachdenklich.
Sie sahen einander an und hatten offensichtlich denselben Gedanken.
„... die Polizei war schon da“, ergänzte Onno schließlich.
Sie versuchten, ihre Aufregung vor Richard zu verbergen, der in einem der beiden Strandkörbe saß und in ein Buch vertieft war. Lukas dehnte und streckte sich und jammerte, dass er sich wie eingerostet fühle. Onno hampelte so lange herum, bis Richard aufmerksam wurde.
„Was ist denn mit euch los?“, fragte er.
„Uns ist langweilig“, erwiderte Lukas.
„Lass uns am Meer entlanglaufen“, schlug Onno vor, als sei ihm das gerade eingefallen.
Lukas hoffte, Richard würde nicht mitkommen wollen, und zum Glück wollte der tatsächlich lieber lesen.
Die Freunde schlüpften in ihre Jeans und schlangen sich die T-Shirts um den Hals, angeblich als Sonnenschutz. Dann liefen sie zum Meer und am Saum entlang Richtung Osten. Als Richard und die Strandkörbe nicht mehr zu sehen waren, rannten sie hoch zur Höhenpromenade und zum Hotel, wo sie ihre Fahrräder holten. Lukas' Gesicht war nach dem Lauf schmerzverzerrt wegen seines Knies, aber er biss die Zähne zusammen und stieg aufs Rad. Da sie keine Lust hatten, die Räder durch den Ort zu schieben, umfuhren sie die Dorfmitte und bogen schließlich in die Kirchstraße ein.

„Ob wir mal im Heim nach den beiden alten Damen fragen sollten?“, überlegte Lukas.
„Wie willst du die beiden finden?“, warf Onno ein. „Wir wissen nur, dass sie alt sind.“
„Hm“, machte Lukas. Insgeheim hoffte er, die beiden Frauen würden wieder vor dem Heim stehen, aber diesmal war die Straße leer.
Langsam fuhren sie weiter zur Gartenkolonie, immer damit rechnend, dass der Mann mit Marcels Baseballkappe auftauchte. Aber außer einer Familie mit zwei kleinen Kindern begegnete ihnen niemand.
Vor der Kolonie versuchten sie, ihre Räder in einem Gebüsch gegenüber dem Eingang so zu verbergen, dass man sie nicht auf den ersten Blick entdeckte.
Ein paar Minuten lang beobachteten sie die Kolonie. Es war sehr still. Von der Polizeiaktion war außer einem Stück Absperrband, das sich in einem Ast verfangen hatte, nichts mehr zu sehen.
Ab und zu fuhr ein Radler vorbei, aber niemand interessierte sich für sie. Sie waren einfach zwei Jungs, die zusammen abhingen.
Schließlich gingen sie zum Eingangstor und öffneten es.
„Schau mal“, sagte Lukas in diesem Moment und deutete auf den Garten rechts vom Tor. „Es gibt ja doch Schafe auf Langeoog.“
Sein Finger zeigte auf neun bunte Keramikschafe, die den Betrachter freundlich anlächelten. Die hatte er beim ersten Mal vor lauter Aufregung gar nicht gesehen.
In die Gruppe hatten sich auch ein grüner Frosch und ein beigefarbener Hase verirrt, das Ganze wurde von einem jungen Matrosen bewacht, der in einer Art Schüssel stand. Er trug ein Fernglas um den Hals und streckte

sein Bäuchlein so weit heraus, dass es zwischen Hose und Matrosenhemd hervorspitzte.

„Viola würde sich freuen", sagte Onno und öffnete die Tür zur Kolonie.

Im Garten zu ihrer Linken arbeitete ein alter Mann.

„Moin", grüßte Onno und winkte ihm kurz zu. Der Mann würdigte sie nur eines kurzen Blickes und fuhr fort mit dem, was auch immer er gerade tat.

Lukas und Onno gingen schnell an diesem Garten vorbei. Zum Glück waren die Hecken meist hoch genug, dass sie nicht sofort entdeckt wurden. Allerdings versperrten die Sträucher auch den Blick ins Innere.

Lukas schaute sich suchend um, deutete dann in eine Richtung. „Ich glaube, wir müssen hier entlang."

Sie bogen in einen schmalen Weg ein und fanden den Garten, vor dem Lukas gestern auf den Typen mit Marcels Basecap getroffen war. Die Tür war wie beim letzten Mal verschlossen. Onno zeigte auf die Beete; sie waren voller Fußspuren.

„Hier sind wir richtig“, flüsterte Lukas und schaute sich um.
Die Luft war rein, und sie kletterten schnell über die Tür. Ein paar Sekunden lang verharrten sie im Schutz der Hecke, aber niemand schien sie gesehen zu haben. Es war immer noch totenstill. Lukas fragte sich, wozu die Leute einen Garten hatten, wenn sie ihn nicht nutzten. Andererseits war gerade Hochsaison, da hatten die Insulaner anderes zu tun, als faul herumzuliegen oder Unkraut zu jäten.
Hoch über ihnen kreisten zwei Greifvögel, aber sie waren zu weit weg, um die Art zu bestimmen. Irgendwo hämmerte jemand. Vermutlich der Alte, den sie vorher gesehen hatten.
Auf Onnos Zeichen liefen sie geduckt zu dem kleinen Gartenhaus und stellten sich auch dort erst einmal in eine geschützte Ecke.
Während sie warteten, entdeckte Lukas unter einem Strauch einen benutzten Einmalhandschuh und etwas Schwarzes, das aussah wie die Schutzkappe eines Stiftes. Die Polizei war definitiv hier gewesen. Er stupste Onno an und zeigte ihm die Funde. Der Freund nickte, schlich dann zur Tür und probierte die Klinke. Versperrt.
Onno warf ihm einen fragenden Blick zu, den Lukas mit einem Schulterzucken beantwortete. Als Onno wieder neben ihm stand, meinte er: „Es muss nicht dieser Garten gewesen sein.“
Sie stiegen auch die beiden Nachbargärten ein – mit demselben Ergebnis.
„Und jetzt?“ Lukas war zutiefst enttäuscht. Es wäre logisch gewesen, Marcel hier zu verstecken, nachdem die Polizei alles abgesucht hatte. Doch die Entführer schienen mit Logik auf Kriegsfuß zu stehen.
„Hörst du das?“, fragte Onno plötzlich.
„Was denn?“

„Schsch." Onno hielt den Zeigefinger vor den Mund und lauschte. Lukas horchte ebenfalls. Außer dem gelegentlichen Klopfen war nichts zu vernehmen.

„Da hämmert jemand. Und?", sagte er.

„Ich finde, das klingt anders", antwortete Onno. „Hör doch mal. Da ist noch was anderes dabei."

Wieder lauschten sie. Das Klopfen ertönte in unregelmäßigen Abständen. Und tatsächlich – da war noch ein anderes Geräusch. Ein ..

„Stöhnen?", sagten sie beide gleichzeitig. Sie wandten sich hin und her, versuchten die Richtung zu finden, aus der das Geräusch kam. Zentimeter für Zentimeter suchten sie den Garten ab, in dem sie sich gerade befanden, kamen dem Geräusch aber nicht näher.

„Im ersten Garten war das Klopfen lauter", sagte Lukas. Sie kletterten zurück und begannen auch hier ihre systematische Suche. Schließlich lokalisierten sie das Geräusch in der Nähe des Gartenhauses.

„Aber da waren wir doch vorhin", sagte Onno. „Da war nichts."

Dennoch gingen sie zu dem Haus zurück und inspizierten es genau. Der Einblick durch die kleinen, quadratischen Fenster blieb ihnen wegen der Vorhänge verwehrt, aber sie drückten beide ein Ohr an die Tür.

„Nichts", sagte Lukas. Onno nickte. Er drückte erneut auf die Klinke, aber natürlich war die Tür immer noch verschlossen. Da ertönte hinter ihnen ein lautes Hämmern. Sie fuhren herum, doch es war nichts zu sehen.

„Es kam von da drüben", flüsterte Lukas.

Vorsichtig schlichen sie zu der Hecke, aus der das Geräusch gekommen war. Auf den ersten Blick war es eine normale Hecke, doch dann entdeckte Onno einen Griff. Er schaute zu Lukas, der nickte. Langsam drückte Onno den Griff nach unten, und ein Teil der Hecke schwang nach hinten. Es war eine Art Geheimtür, die den Blick auf einen kurzen Weg, einen Komposthaufen und drei Tonnen freigab. Zwei waren schmal und aus buntem Plastik, die andere war breit und aus Metall und schon ziemlich verrostet.

„Raffiniert“, sagte Onno. Da ertönte erneut das Klopfen, diesmal laut und deutlich.

„Die Tonnen!“, rief Lukas und rannte die paar Schritte, gefolgt von Onno.

„Marcel?“, riefen sie und erhielten als Antwort ein lautes Klopfen. Es klang metallen.

Der Deckel klemmte. Egal, was sie versuchten, die Tonne ließ sich nicht öffnen.

„Warte“, rief Onno. „Marcel, halte durch, ich bin gleich zurück.“

Er lief los, während Lukas sich vor die Tonne hockte und lauter sinnloses Zeug erzählte, damit Marcel wusste, dass er nicht mehr allein war.

Nach wenigen Minuten kam Onno mit dem alten Mann vom Eingang zurück, der eine Brechstange in der Hand hielt.

„Seid ihr sicher?“, fragte er, aber in diesem Moment klopfte Marcel erneut gegen die Tonnenwand.

Der Mann klemmte das Brecheisen unter den Deckel und stützte sich kurz auf das andere Ende. Unter großem Scheppern flog der Deckel nach oben und krachte gegen die Wand des Gartenhäuschens. In der Tonne lag Marcel auf einem übel riechenden Müllhaufen; seine Füße und Hände waren gefesselt, sein Mund verklebt.

Mit einem Ruck zog der Mann das Klebeband ab.

„Aua“, sagte Marcel. Und dann: „Na endlich. Wo wart ihr so lange?“

13.

Helden wider Willen

Danach ging alles sehr schnell: Nachdem sie Marcel entdeckt und aus der Tonne befreit hatten, rief der Mann die Polizei, die innerhalb von Minuten auftauchte.

Das Kommando hatten eine streng aussehende, ältere Frau und ein etwas jüngerer, mürrischer Mann, die Lukas und Onno verscheuchen wollten. Erst als den Polizisten klar wurde, dass sie Marcel gefunden hatten, durften sie bleiben.

Marcel bestätigte Lukas' Vermutung: Sein Entführer hatte ihn erst in die Kolonie gebracht, nachdem das Gelände durchsucht worden war. Mehr konnte er nicht sagen, denn er musste mit auf das Revier, um eine offizielle Aussage zu machen.

„Ich melde mich bei euch, versprochen", sagte er zu ihnen und folgte den beiden Polizisten.

Lukas und Onno beobachteten noch eine Weile, wie das Forensik-Team nach Spuren suchte, aber es wurde ihnen schnell langweilig, da niemand bereit war, ihnen etwas zu erklären. Sie fuhren zurück ins Hotel, wo sie von Bent erwartet wurden.

„Da sind ja unsere Champions", begrüßte er sie.

„Woher ...", begann Onno, ergänzte dann aber: „Gabi hat dich angerufen?"

Sein Onkel nickte. „Ihr könnt euch auf etwas gefasst machen."

Lukas rutschte das Herz in die Hose, denn natürlich dachte er an eine Strafpredigt seiner Mutter.

Da lachte Bent und sagte: „Die Presse ist im Anrollen."
Bianca war die Erste, die ein Interview mit ihnen führen wollte. Sie stellte viele Fragen, die die Jungs aber nicht beantworten konnten, weil sie die Hintergründe selbst nicht kannten.
Zwischendurch erhielten sie eine Nachricht von Marcel, dass er sie später gern bei seiner Tante treffen würde. Onno schrieb zurück, dass sie in einer Stunde kommen würden.
Nach Bianca kam Mayk von den *Langeoog News*. Während sie mit ihm redeten, rief jemand von *de Utkieker* an und tatsächlich auch Reporter von überregionalen Blättern.
„Ihr seid wirklich die Helden des Tages", sagte Bent voller Bewunderung.
„Wir haben nichts gemacht", sagte Lukas bescheiden.
„Es war vor allem Zufall", bekräftigte Onno.
Da die meisten Journalisten auf die Insel kommen wollten, um persönlich mit ihnen zu reden, und Zeit für die Anreise benötigen würden, ließen Lukas und Onno sich von Karolina ein paar Brote für das Mittagessen schmieren. Anschließend fuhren sie zu Marcels Tante. Eine strahlende Rieke öffnete ihnen die Tür und führte sie ins Wohnzimmer.
Marcel erhob sich, als sie eintraten. Er sah blass aus, aber er wirkte sehr zufrieden. „Ich danke euch", sagte er immer wieder. Lukas und Onno saßen verlegen und mit hochroten Köpfen da.
Seine Tante brachte Kuchen, heißen Kakao und Tee. Sie entschuldigte sich, dass sie nicht bleiben könne, sie musste sich wieder um die Pension kümmern.
Die vier aßen schweigend den Kuchen und tranken den Kakao dazu.
„Wer steckt denn nun dahinter?", wollte Onno schließlich wissen.

Marcel hob bedauernd die Schultern. „Ich darf es noch nicht sagen“, meinte er. „Die Polizei hat schon jemanden verhaftet, aber ich darf erst darüber reden, wenn sie ein Geständnis haben.“ Als er Lukas’ frustrierte Miene sah, fügte er hinzu: „Ich weiß, ihr würdet es niemandem verraten, aber ich habe es versprochen.“

„Ist schon in Ordnung“, erwiderte Onno. „Hauptsache, du bist wieder frei, und es geht dir gut.“

Marcel lachte. „Mir tut allerdings noch alles weh. Es waren zwar nur ein paar Stunden, aber es war doch ziemlich ungemütlich. Ich hoffe, ich bekomme irgendwann diesen Geruch aus der Nase.“

Sie redeten noch ein bisschen über alles Mögliche, aber Lukas sah, dass es Marcel zu sehr anstrengte. Er stupste Onno heimlich an und machte ihm klar, dass sie gehen sollten.

Rieke brachte sie wieder zur Tür und umarmte sie zum Abschied.

„Danke, dass ihr ihn gerettet habt“, sagte sie noch einmal.

„Kein Problem“, brummte Lukas und wandte sich schnell ab.

Im Hotel warteten bereits über zwanzig weitere Interview-Anfragen auf sie. „Was wollen die denn alle von uns?“, wunderte sich Onno. „Wir haben doch nichts getan.“

„Sie wollen den Menschen eine schöne Geschichte verkaufen“, erklärte Richard. „Und ihr seid nun mal die Hauptakteure.“

„Die eigentliche Hauptfigur ist Marcel“, widersprach Onno. „Er wollte etwas aufdecken und wurde deshalb entführt.“

„Und ihr habt ihn befreit“, sagte Richard. „Ihr seid alle Helden.“

Bent unterbrach die Diskussion mit der Information, dass es offensichtlich ein Geständnis gebe und die Polizei für den folgenden Vormittag eine

Pressekonferenz angesetzt hatte. Marcel wollte sie zum Abendessen in den *Seekrug* einladen, um ihnen die ganze Geschichte vorher persönlich zu erzählen.
„Wird auch Zeit“, murrte Onno, grinste aber.

Am Abend machte sich die ganze Familie samt Bent und Peter auf den Weg zum *Seekrug*.
Sie wurden bereits von Marcel, Rieke und deren Mutter erwartet. Lukas fragte sich, warum Marcel so anders aussah als sonst, bis es ihm auffiel: Er trug seine schulterlangen Haare offen und hatte die Baseballkappe nicht auf.
Das Restaurant lag im ersten Stock und bot einen wunderbaren Blick auf den Strand und das Meer. Große weiße Wolken hingen wie dicke Wattebäusche dicht über dem Wasser und gaben Lukas das Gefühl, in einem Bilderbuch zu sein.
Viola rannte zu einem der Fenster und drückte sich die Nase platt.
„Oh, schaut mal, da ist ein Austernfischer“, rief sie aufgeregt.
Lukas schaute sich im Lokal um. „Wo sind denn die anderen Gäste?“, fragte er verwundert.
„Es gibt heute Abend keine anderen Gäste“, erklärte Marcel. „Wir sind unter uns.“
Nachdem sie die Speisekarte studiert und ihre Bestellungen aufgegeben hatten, erhob sich Marcel, nahm sein Glas in die Hand und hielt es hoch.
„Ich weiß, normalerweise stößt man mit Alkohol an, aber ich trinke nun mal keinen, deshalb muss es auch mit Ingwerlimonade gehen.“
Alle lachten.

Reserviert

„Ich möchte mich noch einmal bei meinen Freunden Lukas und Onno bedanken. Ohne sie würden wir wohl jetzt nicht hier stehen, den Sonnenuntergang bewundern und gutes Essen genießen. Ein Hoch auf Lukas und Onno.“

Alle außer den Jungs hoben ihre Gläser und wiederholten: „Ein Hoch auf Lukas und Onno.“

Lukas spürte, wie ihm das Blut ins Gesicht schoss. Onno brummte: „Jetzt reicht's aber.“

Die Vorspeise wurde serviert und von den Erwachsenen mit Lobeshymnen bedacht. Lukas wurde allmählich ungeduldig. Das Essen war wirklich gut, aber viel lieber hätte er jetzt Marcels Geschichte gehört. Waren sie nicht eigentlich deswegen hier?

Marcel hatte schließlich ein Einsehen. Er klopfte leise gegen sein Glas und sagte, als er die Aufmerksamkeit aller hatte: „Okay, dann will ich euch mal nicht länger auf die Folter spannen. Angefangen hat alles vor drei Monaten.“ Er wandte sich an seine Tante und an Bent. „Ihr erinnert euch sicher noch, dass damals hier ein neues Restaurant eröffnet wurde, das ziemlich viel Tamtam um sich machte.“

„Fisch Fiete?“, fragte seine Tante.

Marcel nickte. „Genau. Kleiner Laden, unbekannte Pächter, große Sprüche.“ Er zog das Tablet, das er beim Hereinkommen weggelegt hatte, zu sich, tippte zweimal darauf und stellte das Gerät so auf den Tisch, dass alle etwas sehen konnten.

Ein Kutter fuhr auf den Betrachter zu. Vorn am Bug stand der dicke Mann, der sie im Restaurant begrüßt hatte. Er war wie ein Krabbenfischer gekleidet. Als fast nur noch sein Gesicht zu sehen war, stellte er sich als

Fiete vor und kündigte in vollmundigen Tönen sein neues Restaurant an: „Alles fangfrisch, alles bio, alles zu moderaten Preisen. Qualität muss nicht teuer sein.“ Die Sprüche gingen weiter, aber unterm Strich wollte er wohl sagen: Wir bieten euch beste Qualität zu kleinsten Preisen.

„Fehlt nur noch, dass er behauptet, ein preisgekrönter Sternekoch zu sein“, spottete Bent.

Marcel lächelte, wartete die letzten Sekunden des Spots ab und schloss dann das Tablet.

„Es war reiner Zufall, dass ich etwas erfahren habe. Bei meinem vorletzten Besuch hier auf Langeoog filmte ich die Einfahrt in den Hafen. Irgendwo in meiner Nähe unterhielten sich zwei Männer. Ich hörte zunächst nicht hin, aber dann fielen die Worte ‚bio‘ und ‚Etikett‘, und ich wurde neugierig. Aus dem Rest, den ich mithörte, schloss ich, dass es um einen Betrug ging: Billigfisch sollte als Bio-Ware verkauft werden. Ich versuchte herauszufinden, wer die beiden Männer waren, aber sie standen auf dem Deck unter mir, und ich konnte sie nicht sehen. Ich vergaß es zunächst, bis ich ein paar Tage später die Werbung sah.“

Er zeigte auf das Tablet. „Ich hörte nur die Stimmen und dachte im ersten Moment: Witzig, die Stimme kenne ich, kurz darauf fiel mir ein, woher. Sie gehörte einem der beiden Männer vom Schiff.“

Marcel machte eine Pause, trank einen Schluck, räusperte sich und fuhr fort: „Ich wurde neugierig und recherchierte. Viel war über ‚Fiete‘ …“, er malte Gänsefüßchen in die Luft, „… zunächst nicht herauszufinden. Das Geschäft war ordentlich angemeldet, der Pächter ein Mann namens Ole Winter. Ich fand heraus, dass Winter ziemlich reich ist und in alles Mögliche investiert, unter anderem in Restaurants. So weit, so gewöhnlich. Zum Glück gibt es hier jede Menge Dorftratsch, und dank meiner Tante erfuhr ich auch einen großen Teil davon."

„Was willst du denn damit sagen?", brauste Femke auf.

Marcel lächelte sie beruhigend an. „Nichts, liebe Tante, außer dass du maßgeblich an der Aufklärung dieses Falls beteiligt warst."

Femke lachte etwas unsicher und wusste offensichtlich nicht, ob das ein Kompliment gewesen war.

„Und dann?", fragte Onno.

„Dann war ich selbst als Gast dort", erzählte Marcel weiter. „Was soll ich sagen: Das Essen war grauenhaft. Jede Pommesbude bekommt das besser hin. Ich habe die Hälfte stehen lassen. Die Bedienung, eine junge Polin, hat mich erkannt und wollte ein Autogramm von mir. Das habe ich ihr gegeben und sie ein bisschen ausgefragt. Dabei deutete sie an, dass es bei den Zutaten nicht immer mit rechten Dingen zuging. Ich wurde neugierig und habe weiterrecherchiert. Im Netz war nicht viel mehr zu erfahren, also habe ich vor Ort herumgelungert und die Lieferungen abgewartet. Die kamen aber in kleinen Containern und wurden erst im Haus geleert. So kam ich nicht weiter. Außerdem war mein Aufenthalt vorbei. Ich fragte mich, warum ein Restaurant so gute Kritiken bekommt, wenn das Essen so schlecht ist. Ich bat einen Freund um Hilfe, der herausfand, dass die meisten Kritiken gekauft waren. Noch ein Grund mehr, um tiefer in die Sache einzutauchen. Vor sechs Wochen bewarb ich mich bei Fisch Fiete als Aushilfe und bekam einen Vorstellungstermin."

Marcel kratzte sich am Kopf. „Da habe ich dann einen selten dämlichen Fehler begangen: Ich ließ mein Basecap auf. Irgendjemand hat mich offenbar erkannt und es dem Wirt gesteckt." Er schüttelte den Kopf, als könne er es selbst nicht glauben.

„Ich bekam eine Zusage und arbeitete zunächst zwei Tage als Tellerwäscher. Da ich unbedingt ins Lager wollte, klagte ich über Unverträglichkeit beim Spülmittel und dessen Dämpfen. Ins Lager kam ich trotzdem nicht, sie fanden immer andere Arbeiten. Mein Job war nur auf eine Woche befristet, deshalb schlich ich mich in der letzten Nacht ins Lager und machte dort Fotos. Ich fand die Ware, aber sie hatten alle Etiketten entfernt. Mir fehlte immer noch der letzte Beweis. Der Zufall kam mir schließlich zu Hilfe: Als ich den Müll rausbringen sollte, entdeckte ich einen Lieferschein. Absender war eine Firma, deren Namen ich schon einmal im Zusammenhang mit einem Fleischskandal gelesen hatte." Marcel machte eine kurze Pause und trank einen Schluck.

„Letzten Dienstag rief Fiete mich an und meinte, er habe gehört, ich sei wieder auf der Insel. Ihm sei jemand abgesprungen, ob ich nicht helfen könne. Ich hatte inzwischen recherchiert und wollte mit Fiete darüber reden, deshalb ging ich am Mittwochmorgen hin. Aber Fiete kam mir zuvor, denn er wusste inzwischen, wer ich war und dass ich etwas veröffentlichen wollte." Er grinste. „Ich habe ja auch kein Geheimnis daraus gemacht. Der Rest ist Geschichte: Er und einer seiner Angestellten boten mir viel Geld, wenn ich schweigen würde, was ich natürlich ablehnte. Da ist wohl eine Sicherung bei ihnen durchgebrannt. Fiete hielt mich fest, der andere stopfte mir einen Knebel in den Mund und fesselte mich. Ich war so perplex, dass ich mich nicht schnell genug wehren konnte. In den ersten Tagen hielten sie mich im Keller versteckt."

„Ist der andere Kerl so ein langer, dünner?“, fragte Lukas.
Marcel nickte. „Von hinten sehen wir uns vermutlich ähnlich.“
„Nö, der geht viel krummer als du“, ließ Onno sich vernehmen.
Alle lachten.
Lukas schlug sich mit der flachen Hand gegen die Stirn. „Ich Depp! Jetzt weiß ich, woher ich den Typen kenne. Ich habe ihn zusammen mit Fiete gesehen, an dem Abend, als wir im Restaurant waren.“ Er wandte sich seinem Freund zu. „Ich hab’s dir erzählt. Es kam mir ziemlich verdächtig vor, wie die miteinander geredet haben.“
„Hm“, brummte Onno. „Da war was.“
„Wieso ist mir das nicht schon früher eingefallen?“, klagte Lukas.
„Mach dir keine Gedanken, woher solltest du das ahnen? Und es ist ja alles gut ausgegangen“, sagte Marcel. „Sie haben einfach nicht damit gerechnet, dass zwei kluge Jungs auf dieselbe Idee kommen wie sie, nämlich dass es clever wäre, mich nach der Durchsuchung in der Gartenkolonie zu verstecken. Das habt ihr wirklich gut gemacht.“
Er klatschte, und alle applaudierten mit. Lukas und Onno saßen mit heißen Ohren da.
„Gabi hat mir berichtet“, fuhr Marcel schließlich fort, „dass Fiete ein Flugzeug geklaut hat und Richtung Dänemark geflogen ist. Sein Kumpan hat aber ein umfassendes Geständnis abgelegt. Der Fall ist also gelöst.“
Marcel fuhr sich über das Gesicht.
„Wie kam denn das Video auf deinen Kanal? Ist der nicht geschützt?“
„Doch, natürlich“, antwortete Marcel. „Mein Handy ist mit meinem Fingerabdruck gesichert. Sie haben mich gezwungen, das Handy zu

entsperren, und das Video hochgeladen." Er zog eine Grimasse. „Das habe ich nun davon, dass ich dauernd online bin."

„Und warum haben sie nur fünftausend Euro verlangt?", wollte Onno wissen. „Ihnen muss doch klar gewesen sein, dass das niemand ernst nimmt."

Marcel schüttelte den Kopf. „Das Video hat Fietes Kumpel ohne sein Wissen gedreht. Der ist nicht der Hellste. Das sieht man schon daran, dass er mit meiner Kappe durch die Gegend gelaufen ist. Laut Gabi fühlte er sich damit wie ein richtiger Verbrecher." Marcel lachte. „Er hat Fiete dann dazu überredet, das Video hochzuladen. Wie er das geschafft hat, ist mir ein Rätsel. Fiete ist eigentlich nicht dumm, aber vermutlich ist ihm die ganze Sache auch über den Kopf gewachsen. Egal. Wichtig ist, dass alles ein gutes Ende hat."

„Schaut mal", rief Viola in diesem Augenblick und zeigte nach draußen. Im Westen hing eine tiefrote Sonne, berührte mit dem unteren Rand den Horizont, rutschte immer tiefer und tauchte den Himmel in ein gleißend orangefarbenes Licht.

„Wenn das mal kein krönender Abschluss dieses Abenteuers ist", sagte Marcel ergriffen. „Jetzt ist aber erstmal Urlaub angesagt. Lukas, Onno, treffen wir uns morgen am Strand?"

– Ende –

Tourismus-Service Langeoog

Hauptstraße 28 · 26465 Langeoog
Tel.: 04972/6930 · www.langeoog.de
Inselbahn: vom Hafen zum Bahnhof und zurück
www.langeoog.de/inselguide/inselbahn

Kutschfahrten rund um die Insel (vom Bahnhof aus):

Langeooger Kutschfahrten: Tel.: 0175/4601045
Uwes Pferdemobil, Uwe Klüver: Tel.: 0179/7614788
Kutschtaxen Vogel: Tel.: 04972/6029

Wasserturm

An der Kaapdüne
Tel: 04972/6930
www.langeoog.de/sehen-erleben/orte/wasserturm

Ostende

www.langeoog.de/inselguide/sehenswuerdigkeit/aussichtsplattform-osterhook

Ostende Meierei, Familie Falke

Telefon: 04972/248
www.falke-meierei.de/

Vogelwärterhaus

Im Ostteil der Insel, am Weg zur Meierei Ostende
www.langeoog.de/inselguide/museen-ausstellungen/das-vogelwaerterhaus

Lale Andersen-Denkmal
Am Wasserturm Nr. 1
www.langeoog.de/inselguide/sehenswuerdigkeit/lale-andersen-denkmal

Seemannshus
Casper-Döring-Pad 3
www.langeoog.de/inselguide/museen-ausstellungen/seemannshus

Spöölstuv
Kavarlierpad 3 · Tel.: 04972/693-236
www.langeoog.de/inselguide/freizeit-badespass/spoeoelstuv

Museen im Haus der Insel
Kurstraße 1
Tel.: 04972/693-211
www.langeoog.de/inselguide/freizeit-badespass/haus-der-insel

Schifffahrtsmuseum
www.langeoog.de/inselguide/museen-ausstellungen/schiffahrtsmuseum

Langeoog aus Lego
www.langeoog.de/inselguide/museen-ausstellungen/mini-langeoog-die-insel-aus-legor-steinen

Inselkirche
Kirchstraße
www.inselkark.de/Inselkirche/inselkirche.htm
Tel.: 04972/922449 (Inselpastor)

Meerwasser-Erlebnis-Schwimmbad
Kurstraße 5 · Tel.: 04972/693241
www.langeoog.de/sehen-erleben/orte/schwimmbadsauna

Flinthörn
Erreichbar vom Flinthörndeich aus
www.langeoog.de/inselguide/sehenswuerdigkeit/aussichtsplattform-flinthoern

Außerdem bei Biber & Butzemann

André F. Nebe
Band 1
Spuk auf der Ostsee
Biber & Butzemann

André F. Nebe
Der Fluch des schwarzen Korsaren
Band 2
Biber & Butzemann

André F. Nebe
Band 3
Das geheime Schiff
Biber & Butzemann

Sandra Lehmann
Matti und Max
Abenteuer auf Kreta
Biber & Butzemann

Sandra Lehmann
Illustrationen Manja Adamson
Matti und Max
Abenteuer in New York
Biber & Butzemann

Sandra Lehmann
Illustrationen Manja Adamson
Matti und Max
Abenteuer in Berlin
Biber & Butzemann

Miriam Schaps
Abenteuer im Ruhrgebiet
Lilly, Nikolas und das Bergmanns-Tagebuch
Biber & Butzemann

Abenteuer am Teutoburger Wald
Lilly und Nikolas auf der Suche nach den verflixten Wörtern
Miriam Schaps
Illustrationen von Sabrina Pohle
Biber & Butzemann

Abenteuer in der Lüneburger Heide
Lilly, Nikolas und die wilden Tiere
Steffi Bieber-Geske
Mit Illustrationen von Sabrina Pohle
Biber & Butzemann

ABENTEUER IN KÖLN UND AUF DEM DRACHENFELS
Ira Lenz
Biber & Butzemann

ABENTEUER ZWISCHEN NORDEIFEL UND AACHEN
Lilly und Nikolas auf der Suche nach dem schwarzen Gold
Miriam Schaps
Illustrationen von Sabrina Pohle
Biber & Butzemann

ABENTEUER IM MÜNSTERLAND
Lilly, Nikolas und die Wildpferde
Biber & Butzemann

ABENTEUER ZWISCHEN KYFFHÄUSER UND WESTHARZ
Lilly und Nikolas auf den Spuren der ersten deutschen Herrscher
Jörg F. Nowack
Mit Illustrationen von Sabrina Pohle
Biber & Butzemann

ABENTEUER RUND UM DRESDEN UND DAS ELBSANDSTEINGEBIRGE
Lilly, Nikolas und die Schätze der Könige
Juliane Jacobsen
Mit Illustrationen von Sabrina Pohle
Biber & Butzemann

ABENTEUER AUF DER SCHWÄBISCHEN ALB
Lilly, Nikolas und das Geheimnis der Schnupftabakdose
Ira Lenz
Mit Illustrationen von Claudia Gabriele Meinicke
Biber & Butzemann

ABENTEUER IM SCHWARZWALD
Lilly, Nikolas und das Geheimnis der Zwerge
Steffi Bieber-Geske
Mit Illustrationen von Michaela Frech
Biber & Butzemann

Alexandra Benke
Geheimnis um den roten Kater
Ein München-Abenteuer
Biber & Butzemann

Alexandra Benke
Biber & Butzemann

Zahlreiche weitere regionale Ferienabenteuer finden Sie auf www.biber-butzemann.de

Die Autorin

Luisa Hartmann, Jahrgang 1958, hatte schon als Kind eine besondere Beziehung zu Geschichten – immer steckte ihre Nase zwischen den Seiten eines Buches. Seit 2004 schreibt sie selbst Kinderbücher; zahlreiche Kurzgeschichten und acht Romane sind bisher erschienen. Einige ihrer Bücher wurden ins Spanische, Polnische, Ungarische, Türkische und Koreanische übersetzt. Luisa Hartmann lebt mit ihrer Familie in München.
www.luisahartmann.de

Die Illustratorin

Sabrina Pohle, Jahrgang 1984, entdeckte in ihrer frühen Jugend ihr Interesse am Zeichnen, aus dem sich über die Jahre eine Leidenschaft für Illustration und sequenzielle Kunst entwickelte. Sie experimentierte zunächst viel mit traditionellen Maltechniken und Materialien wie Aquarell, Kohle und Pastellkreiden. Seit einiger Zeit nutzt die Mutter eines Sohnes auch digitale Medien, um ihre Werke zu erstellen. Die studierte Japanologin arbeitet als freiberufliche Illustratorin in Hamburg.
www.splinteredshard.com

Wellhornschnecke
Wattschnecke
Rote Bohne
Miesmuschel
Pantoffelschnecke